金控行銷導論

An Integrated Selling to Financial Products:
The foundation of Marketing Strategy and Sale Forces Training.

王言◎著

如何規劃金融商品之整合行銷與理財人員之培訓

金控的成功，在
於商品的銷售，
銷售的成功，在
於行銷的規劃與
人才的培育。

謹獻給

我敬愛的父母與鍾愛一生的太太——玲玲，

沒有你們的忍耐、支持與鼓勵，

我將無法完成...

推薦序

近年來，在國內金融控股公司紛紛成立下，以”單一窗口，一次購足”之理想，希望消費者對金融商品的需求能跳脫傳統觀念，以接受專業選購所需之各項金融商品之行銷方式，來滿足對其資金之投資獲利與保值安排。因此，”專業理財”一職成為目前金融產業，自整合後，最熱門的行業。

根据一項調查顯示，在台灣 65%之保險客戶還是習慣選擇”自已理財”，惟願意接受理財專業服務的對象，在”銀行理財員”，証券投資顧問”以及”保險行銷員”三項中，以選擇”保險行銷員”為最高達 62%。調查結果顯示二種情況:1)”理財顧問”市場在台灣具發展潛力，2)保險業務工作者是開發潛力市場的生力軍。

個人從事保險行銷工作多年，深悉在此金融產業轉型時，身為資深的保險業務工作人，所面對的挑戰性必須克服的瓶頸，在於如何吸收跨業商品新知？如何進行理財規劃等？準此，為自已也為有相同遭遇的同業們，特與王言博士共同規劃推行”理財規劃專業訓練”活動，而本書—金控行銷—將開起問題探討之大門。

展望未來，一系列的培育課程將推出，特為我們這輩你保險老兵而設計，以提供永續青春成長的實力。

美國壽險百萬圓桌協會(M.D.R.T)
台灣分會會長　王嘉雲

自序

金控的成功，在於行銷；行銷的成功，在於策略的設計與人才的訓練。撰寫本書的目的，在使業主認識金控商品的特質與行銷規劃的重點，亦使從業人員有一份期許與自我要求。

最後謹感謝周嘉蕙同學的協助以及實踐大學風險管理與保險學系夜間部同學資訊的提供。

王言

目錄

緒論

在全球化趨勢下，世界各國金融市場皆朝向更開放與自由的方向發展，國際化時代的來臨亦帶來競爭的壓力。雖然如此，消費者還是永遠的勝利。而身為國際化一員的台灣，面對更殘酷無情的挑戰，將是無法避免的事實。

自民國 90 年底，財政部通過金融控股公司成立之立法，目前已有 14 家的設立。這顯示政府當局與國內企業為面臨國際化的競爭已積極地在進行準備。然而，金控公司的成立，對國內金融市場未來發展有何影響與改變？這才是我們最關心的。

首先就企業本身而言，金控公司成立之最大利基在於可合法從事金融商品之“交叉行銷”。所謂“交叉行銷”（Cross-Selling）即為金控公司可設立以“一次購足，一站到底”為原則之行銷通路以提供消費者同時能購買到保險、投資以及有關儲蓄等之金融商品。

台灣流行一窩蜂，金融市場也不例外，在目前已有多家金控公司設立之情況下，需求有限，如何能廣為人知建立形象，實為經營金控成功的首要關鍵，因此積極佈設通路，以做為從事交叉行銷之窗口確有其必要性。

再就消費者而言，金控公司成立之最大利基在於可享受到一次購足之便利性以滿足其對"理財之需求"。所謂"理財需求"即為消費者同時對其個人生命價值，生活意義以及經濟保障產生整理與準備之興趣與需要感。而此種消費需求，必須配合全方位理財服務的提供才能達到滿足，因此，金控公司營運成功之要件，除規劃通路外，亦須重視如何發掘消費者對金融商品的心理需求。

另針對金融從業人員而言，金控公司成立之最大利基在於工作機會之增加，但是所謂工作機會之增加，卻意味者唯具備以取得客戶信賴，激發客戶需求，以及專業知識豐富之行銷人員，才是未來金控公司最需要與不可缺乏的人才，準此，未來金融公司能在激烈的競爭中，殺出重圍，脫穎而出，永續經營之不二法門，即在發展"整合行銷"機制(Integrated Selling)。所謂"整合行銷"機制之建立包括四大工作：

1. 設計便捷的交叉行銷通路。
2. 熟悉金融商品之特性。
3. 發掘消費者之需求。
4. 培育專業行銷人才。

反觀，國內金控公司限於成立之初，對於整合行銷策略之規劃尚於草創階段，作者曾於民國 91 年期間指導實踐大學保險系學生針對國內四家金控公司以及其他個案，就其行銷策略之規劃進行研究，並發現大部份之規劃重點在於通路的設計。而關於對金融產品之特性，消費者需求之認識以及行銷人才之訓練方式仍著墨不多，尚處於摸索過程。於西元 1988 年至 1990 年於美國明尼蘇達大學(U of Minnesota)從事無形化商品行銷理論之研究工作期間，作者曾有幸參與有關金融機構針對其“私人銀行”(Private Banking)業務進行“整合行銷”機制之規劃工作，其中對商品行銷之定位與生產力評估分析—即有關金融商品特性的認識，行銷策略之設計以及行銷人才的訓練—有深刻的認識。進而希望將個人經驗與認知，藉此機會提供有緣之士，對我金融行銷之發展，略盡棉薄之力。因此，作者撰寫本書的動機與目的如下：

1. 為金控公司之經營者提供交叉行銷機制規劃之參考。
2. 為從業人員，提供“整合行銷”之專業觀念。
3. 為在校學生，轉業者，以及社會人士，提供自我教育以增加就業機會。

王言於台北 2004 年

PART I　金融商品之行銷概念篇

第一章　何謂無形商品

近年來，世界各地行銷學指持續不斷的探索市場現象，發現當商品愈進入「虛擬」之境界，消費者之需求也愈「潛藏」。這也就是說愈來愈多的商品必須滿足消費者未知之需求。因此，在此情況之發展下，消費市場已被區分為無形商品市場以及有形商品市場。

對一般人而言，有形商品與無形商品之區別，顧名思義就是具實體的商品以及不具實體的商品之分別。然而，對行銷學者而言，有形商品與無形商品之界定應以消費者對商品所產生需求之導向為區分之標準。就以購買意外保險與投資型壽險為例，兩種商品皆不具實體，但意外保險商品目前成為人們日常生活中已熟悉之商品。因此，消費者其所產生之需求是明確的。然而，投資型壽險目前仍為生活中尚待認識的產品。因此，人們都對其需求是不明確而必須待發掘，就具實體之商品亦如此。準此，意外險定義為有形商品，而投資型保險可視為無形商品。其實這種新的區分觀念已延用在其他領域，諸如政治行銷以及形象行銷等。

雖然大部分之行銷觀念仍以規劃有形商品為主，近年來行銷學者已開始對無形商品之行銷產生興趣。因此，對無形商品之特質做了下列之定義：

1. 具潛在需求之商品

消費者心理觀點，大部分消費者購買無形商品之購買動機屬潛藏性。也就是說消費者本身也不清楚對這商品有立即與明顯的需求。例如：甚少的客戶會對購買金融商品（如共同基金等）產生立即性的需求，除非這些商品已是成為日常生活中具”必備性”。因此，消費者主動購買意外險的機率遠大於長期壽險。這些需求亦可發生在部分具實體之商品，例如女性消費者對購買化妝品之立即需求感就明顯大於購買保養品。由此可知，有形商品與無形商品之區分不再依是否具外表實體來分別，而是依消費者對商品所產生之心理需求之顯著性與隱藏性來認定。

2. 具感性取向之商品

誠如前述，客戶對無形商品需求之產生屬於潛在性，亦即潛藏的需求，這種需求是需要被發掘與引導的。因此，不同於傳統有形商品，客戶對無形商品需求的發現必須以信賴為前提，而對客戶建立信賴關係即是一種感性之過程。

第二章　何謂無形商品行銷

如前所述，市場學之新觀念即為將商品做成有形化與無形化之區分。因此，市場規劃者，在進行行銷規劃前，必須先就商品之屬性進行定義，當商品一但被認定為具無形化之特質，其行銷規劃之重心自然不同於有形商品。傳統上，針對有形商品之行銷規劃強調以 4P 概念為原側：商品設計（Producing）、價位（Pricing）、促銷設計（Promoting）、通路設計「Channeling」。相對於無形商品，其行銷之設計重點卻以所謂之”T.S.P.S”概念為之，即信任感（Trust）、推銷（Selling）、專業（Profession）、服務（Srevice）。

第一節　信任感規劃(Trust)

即充份獲得消費者的信賴，正因為消費者對無形化產品的需求為潛藏性，使其對商品的功能與效益產生之體驗與認同必須依靠事前當事人對該商品之本質產生十足的信任與好感，就因無形化的特質，消費者對其商品所產生的購買需求不同於有形化的產品可以經由較直接的接觸而直接產生需求之反應。因此，消費者對無形產品認同感之建立在於行銷人員必須致力於對商品需求的說明、分析與介紹，在過程中建立信任感，近而產生認同，再由認同激發出需求與購買動機。然而，在有限與陌生的時空範圍限制內，建立互信關係，是一項極為挑戰性的工作。就消費者而言，購買形成的過程中，需求者與供給者自然存在互為排斥之心理現象。如何能在有限的時空環境中，與消費者建立互信關係，實為一項重要的行銷技巧。然而，什麼是“信任”，就 Manning 與 Reece 二位學者提出了下列的解釋，以作為建立信任感的基本架構。

一、建立信任

對消費者而言，“信任”不是一種生理上的實質關係，而是一種心理上的“感受”。這種感受可進一步的界定為：

1. 可預期的感覺

   所謂可預期的感覺，即是讓客戶可以充分的瞭解並能掌握行銷人員的行為模式，也就是人與人之間安全感的建立，例如客戶清楚的瞭解行銷人員的言詞意向而沒有猜疑與猜測（不要話中有話），行銷人員在表達的過程中如有過多的隱含言詞皆會導致距離感進而產生不敢信任的感覺。

2. 建立誠實的感覺

   所謂誠實的感覺，即是客戶對行銷人員充分授權的表態，也就是認為行銷人員確是值得被相信的。因此，行銷人員必須隨時注意自己所表現出來的人格與工作態度之慣性，即言出必行，遵守諾言，恪守原則等。

3. 建立可依靠的感覺

所謂可依靠的感覺，也就是完全相信行銷人員的一切行為與想法都是為客戶考量與著想，這是建立信任感的最高境界。因此，可依靠感覺的產生，是先由上列二項心理表現之發揮加上行銷人員專業能力被肯定的表現而形成之。

二、讓客戶對行銷人員產生良好的第一印象

良好的第一印象是建立信任感的另一項要件。對消費者而言，在陌生的接觸過程中，產生信任感的捷徑，即是產生良好的第一印象。因此，Manning 與 Reece 就如何讓客戶對行銷人員產生良好的第一印象亦歸納出下列原則：

1. 自信的行為

即在言行舉止間表達自然、肯定的表情與語詞以及誠懇的態度。

2. 重視儀表

即以整齊而不誇張的穿著與面容並隨時伴隨著微笑與誠實的眼神，以及無壓迫感的詞彙與客戶進行接觸。

3. 主動的自我揭露

即在與客戶的交談過程中，能以自然的方式，主動表露自我的真實性而使客戶認同並分享彼此的感覺。這也就是說，千萬不要使客戶認為你是一個深沉與不易瞭解或是有距離感的人。

4. 建立相似性

即在積極瞭解客戶的興趣，生活方式以及嗜好與話題，以產生相似性。其目的在於拉近彼此之距離。

5. 協助的意願

即謂在與客戶進行洽詢與訪談的過程中必須隨時隨地表現服務的熱忱而絕不表現出斤斤計較客戶是否有購買的意願。

第二節　推銷術規劃（Selling）

所謂推銷術，亦即從事無形產品行銷人員必須具備一種說服力，使消費者對其產品產生注意、興趣以及需求動機。然而，如何有效培養此說服能力？心理學家 Carl Rogers 與行銷大師 Dale Carnegie 提出了他們的論點如下：

一、同理心的訓練

即指凡事皆須站在客戶的觀點與處境去思考。換言之，就是你必須培養出能主動體認他人對事與物的感受與敏感度，以及凡事都能以客觀的角度去考量與判別。因為當行銷人員具備同理心的能力，就能夠正確的瞭解客戶對商品的真正認知與其內心的主觀意念與價值觀，以便使行銷人員能站在客戶的立場以及思考模式的架構中進行行銷，而不使客戶產生壓力與排斥心態。

二、培養影響他人的能力

所謂影響他人的能力，意即為使他人的想法與你相似，在培養說服力的過程中，除了養成隨時站在客戶的立場與價值觀去思考問題外，另一項重要的工作就是藉由言語表達上的技巧去吸引客戶對商品的興趣並產生需求感。然而，在說明過程中，如何使行銷人員的行為表現能影響客戶而使他的想法與你趨於一致？行銷大師 Dale Carnegie 提出下列做法：

1. 千萬不要與客戶辯論，因為客戶永遠是對的。
2. 假如你錯了，一定要趕緊地向你的客戶承認。
3. 假如客戶錯了，你最好還是這樣回應：「啊！慢著，我有另一個想法，不曉得對不對。假如我錯的話，希望你糾正我，請我們共同來看看這件事」，以表示尊重客戶的意見，切勿對他說：「你錯了」。
4. 隨時以友善的態度對待你的客戶。
5. 處理客戶的抱怨，就是多給他表達與說話的空間。
6. 贏得客戶的認同，就是讓他覺得這主意是他想出的。
7. 讓客戶感覺到你真誠地試圖以他的角度去瞭解一切。
8. 當與客戶有無法避免的衝突時，請訴諸更崇高動機的訴求方式來化險為夷。
9. 將你的想法僅以陳述事實的方式向客戶表達是不夠的，還要把事實表達得鮮明、生動、富戲劇性。
10. 向客戶提出具挑戰性的建議，例如：「我知道這投資有風險，只有像你這樣真正懂得理財投資的人，才聽的進我的建議。」

第三節　專業形象之規劃（Profession）

所謂塑造「專業形象（Profession）」，即為建立積極、敬業與熱忱的工作態度。而專業形象的建立可增強消費者對商品的接納程度。市場行銷學者 Kinders 曾提出表現出專業形象的三大原則：

1. 養成「時間管理」的習慣

   包括養成有時間觀念以及重視準時的習慣性。

2. 建立「優先順序」的觀念

   意即對工作的處理，隨時養成適當的依「必要的、想要的、不必要的、不想要的」之順序排列進行之。

3. 訓練「自我管理」的能力

   即為自己發展出一套有效的工作管理程序。其中具備三項重要工具：

   （1）行事曆

   （2）客戶檔案

   （3）每日工作紀錄

4. 建立溝通者的角色

   即讓客戶能感受到你永遠都是在幫忙他與為他解決問題。

第四節　服務精神規劃（Service）

所謂「服務精神」，意即為行銷人員必須隨時能提供讓客戶滿意的服務，因此，如何使你所提供的服務能使客戶感到滿意，根據政大謝耀龍教授之分析，必須取決下列因素：

1. 服務的一致性

   行銷人員必須確實地提供所承諾的服務品質。

2. 服務的具體化

   行銷人員提供的服務最好能以實物來代表，例如紀念品、問候卡等。

3. 是安全感的服務

   行銷人員提供的服務不會造成客戶的壓迫感。

4. 服務的及時性

   行銷人員提供的服務，必須是立即性的以表現出高度的誠意。

5. 服務的熱忱感

   行銷人員提供的服務必須能表達對客戶個別的關懷。

PART II　金融商品之整合行銷篇

第三章　行銷策略規劃

所謂金融商品整合行銷意指涉及保險、儲蓄以及投資等有關消費者處理財務運作金融商品之販售。由於近年來國內金控公司之成立，在整合人才資源、發揮成本效益以及強化業務競爭之考量下，極積放棄過去個別商品，單獨行銷之傳統方式，而改為多項不同類之金融商品以單一窗口統合行銷之方式進行之，此即為金融商品之整合行銷(Integrated Marketing)之基本概念。然而如何能將不同類型的金融商品設計成為一種整合性的商品而能使消費者產生需求並激發其購買動機？在此嚴峻的挑戰下，行銷規劃者首要的任務就是先必須清楚了解金融商品的共同屬性：

1. 大部份消費者對金融商品的需求感皆源於潛在性的，是必須要經過認知之發掘而產生購買動機。
2. 大部份消費者對金融商品的認識與滿意程度皆建立在與行銷人員的互信關係。

因此，誠如前所分析，大部份金融商品應可認定為“無形化”的商品，而其行銷策略之規劃應依 T.S.P.S.之架構進行，也就是說金融商品整合行銷之規劃重點應在於：

（1）建立潛在客戶對行銷人員的信任關係(Trust)。

（2）激發潛在客戶對金融整合商品的充份認知與產生興趣(Selling)。

（3）協助潛在客戶清楚的認識金融整合商品的功能與效益(Profession)。

（4）提供極積與主動的關心與服務使客戶購買安心(Service)。

第四章　人力資源規劃

除依照上項無形化商品行銷之原理進行規劃外，金融商品之整合行銷，相較於其他類型之無形化商品，其執行成功之另一先決條件即在於重視對行銷人員的生產力的管理與銷售能力的訓練。

第一節　生產力管理

如何遴選出最適合從事整合行銷之工作者？如何持續維持穩定成長之業績？對金控公司之商品行銷而言是成功之關鍵，也是一項嚴厲的挑戰。可從下列方向進行；

一、生產力評估與分析

早在 1970 年代，瓦克·邱吉爾以及福特(Walker, Churchill and ford)三位行銷學者，經長期的調查與分析發展出所謂「邱氏行銷人員生產力評估模式」(churchill's productivity model)廣受重視，邱氏模式解釋：行銷人員的生產力(例如業績)，直接受到五項「人為」因素的影響，這五項人為因素分別為人格特質(Personality)、動機(Motivation)、角色扮演(Role perception)、傾向(Aptitude)、性別(Gender)。此外，生產力又間接受到三項「非人為」變數的影響，即工作環境、組織文化與整體經濟。

圖表說明如下：

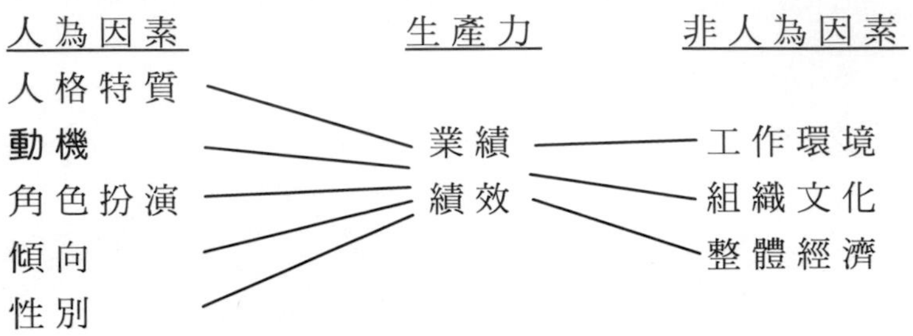

上述各項關鍵，為金控公司遴選行銷人才提供了一個實用的參考模式，行銷規劃者可依據此一模式，針對其現有的行銷人員先行從事分析並以其生產力的高低來區分行銷人員的人格特質，其包括其工作動機、角色扮演、傾向與性別。此模式的建檔可提供長期人才與生產力的分析而做為日後人員遴選的參考標準，進而降低徵才之成本與提升行銷的績效，生產力分析工具範例(詳見附錄二)。

二、療傷管理

由於商品的無形化，使消費者無法立即產生消費認知與購買需求，因此行銷人員的工作挑戰性相對提高，在執行銷售過程中，極可能因為與客戶的接觸屢受挫折而出現情緒低落，工作意願低落，甚至失去自信心，而遭遇瓶頸，此時行銷經理人應扮演療傷者的角色，設法瞭解行銷人員的挫敗原因，幫助解決其情緒問題以重新建立信心，維持業績成長。所謂

療傷管理，即籍由溝通的方式使產生互信，並透過表達的過程發現問題根源，進行解決與改善，使行銷人員藉由自我探討與自我發覺的方式以重新恢復工作的信心與士氣。就實務面而言，療傷管理的執行可分下列五大基本步驟：

1. 建立共識

    協助受挫員工探索發現以及界定並描述自己的問題。在此階段，管理者必須專注傾聽，並鼓勵受挫員工傾訴心情，並能與他人分享感受，最重要的是建立互信感，使受挫者能在零壓力與不受批評的情境下表露自我。

2. 運用所獲得的資訊來定義受挫者之問題

    在此階段，管理者必須運用揭露過程中所取獲的片段訊息，加以整合並協助受挫者清楚的分析問題之所在，以使受挫者在過程中能面對自我，而有重新的領悟與察覺進行找到自我問題的真實性。

3. 設定工作目標，並商討達成目標的可行方案

    在此一階段，管理者必須協助受挫者將本身的問題轉換成目標式的管理，並商議出解決與處理方式，更進而判定目標並將處理方式轉化為實際行為，再類化於日常生活中。

4. 努力減少處理問題與障礙的技巧，並建立受挫者處理技巧的資源。

   在此一階段，應以受挫者的內心感受、想法以及行為為核心進行基本催化技巧並協助受挫者排除障礙並渡過不適應的狀況，以期能成功的完成轉換過程並依據所定目標順利的解決受挫問題。

5. 結束彼此的療傷關係，強化受挫者日後生活上的自律管理。

   在此一階段，管理者應協助受挫者檢視對問題的自我處理的進步程度，並聽取受挫者的回饋，進而強化其習得自助的技巧，以做為後續追蹤管理。

除上述療傷管理之基本步驟外，管理者必須具備下列能力條件，才能充份掌握執行療傷管理的要訣：

1. 打破僵局的能力

   具備能隨時減輕對方在面對問題時所表現出焦慮尷尬、不安情緒、甚至產生自我封閉等心理現象的對話技巧。

2. 傾聽的能力

   養成隨時表現出專注與關心的聽話態度。

3. 接納的能力

培養出客觀與開放的觀念與心境。隨時接受受挫者的批判與拒絕。

4. 站在對方立場思考的能力

使具備深入分析與探索問題核心的思考模式。

5. 維持場面構成能力

即協助受挫者做好療傷的心理準備，並對其將要面對的過程先做明確的定位與說明。

6. 具有反映受挫感的能力

即能隨時保持如一面鏡子，用語言表達的方法反映出受挫者的情緒與心理感受，使受挫者能從管理者的認知中更清楚了解自我。

7. 澄清的能力

即為使用不同的對話，將受挫者的表達以精簡的語詞覆述並加以驗証與確認以加強對受挫者在表達方面的理解。

8. 引導的能力

即協助受挫者針對面臨的問題進行自我探索。

9. 面質的能力

即協助受挫者瞭解自我內在衝突、矛盾與逃避。

10. 自我揭露的能力

在必要的現狀下，適當的將自己的感覺、經驗、行為與受挫者分享以建立互信的關係。

11. 結束的能力

結束晤談、提示時間、給予建議、訂定改進方式、安排家庭作業，進行追蹤與評估。

三、激勵管理

有關「激勵」，人們並不陌生，因為它幾乎一直圍繞在我們的生活與工作中，小時父母為了要小孩聽話，常常用糖果、零用錢來使孩子們產生“聽話”的機動；到了大一點進了學校後，學校又會用獎狀或獎學金等來使學生產生“用功讀書”的機動；當進入社會工作，老闆會用加薪、升遷入股等方式來使員工產生“效忠公司”的機動。因此，對無形產品行銷經理而言，如何能有效的激勵行銷人員隨時保持朝向業績目標衝刺的士氣是一件非常重要的工作，對激勵方式的認識可依下列三項原則進行分析：

1. 從激勵的運用面區分

（1）正面的激勵

所謂正面的激勵，就是這種激勵措施讓得到的人，會有實質上的好處，或是讓他們在精神面上得到很大的鼓勵，例如為達成業績、目標就可以獲得獎金或出席盛大的表揚會等。

（2）反面的激勵

所謂反面的激勵，就是利用「做人不服輸」的價值觀點，讓當事人產生自我的激勵作用，例如把業績競賽的成績公佈出來，造成無形的自我壓力，在「輸人不輸陣，輸陣沒面子」的心理下，自然產生自我鞭策的作用。

2. 從激勵的實施面區分：

（1）金錢

即最直接、方便且具效益的激勵工具，大部份的行銷人員從事業務性質的工作，金錢方面的鼓勵最能激發他們的工作企圖心，因此從事銷售業務的工作者，金錢的回饋最能符合他們的人生價值觀。

（2）非金錢

根據多項針對員工升遷制度方面的研究得知，從事行銷工作者，經歷一段事業的成長與發展，金錢的激勵效度將逐漸遞減，反之非金錢方面的激勵需求卻逐漸增加。例如：希望在工作中擁有更大的主導權、自主範圍以及更優良的工作環境與空間或行政支援等。

（3）精神面

即對員工激勵之最高境界，並符合所謂馬斯樂(Marlow's Need Theory)之需求理論，認為人的需求由剛出於社會工作對金錢之需求以滿足生活上之基本條件以漸進之方式，再為滿足個人在工作職位上的認同，最後到達

以滿足自我理想實現為目標，例如，集團企業總裁親自邀請你參加重要會議並在會議中發表工作心得，或為公司業務之發展提供建言等，即屬精神層面上的激勵，並能建立對公司的忠誠度。

3. 從激勵的制度面區分：

（1）維持因素

即企業提供維持員工生活安全，穩定條件的基本需求，例如優渥的薪資、退休金、保險、固定休假等，而使員工產生低離職意願。

（2）激勵因素

即企業提高員工工作士氣的必要條件，例如公平的升遷制度、業務獎金、員工入股等，而使員工產生參與感並願意奉獻個人予公司以追求成就感。因此，維持因素與激勵因素並不能做成絕對的劃分而獨立存在，而必須保持對等的發展，如果企業對員工的激勵僅重視維持因素，員工離職意願雖低，但卻養成“公務員”心態，成為“多做多錯，少做少錯，不做不錯”的工作態度，如果企業對員工僅強調在激勵因素，員工雖有表現能力的空間與機會，但無法長期“效忠”公司，企業更無法長期的經營與發展。

第二節　行銷能力訓練

在為金融商品進行整合行銷之規劃過程中，無論是信任感的建立、客戶需求的激發、商品功能的說明等，皆須依靠行銷人員優良的形象、言語表達以及說服能力，因為在商品無形化的過程中，潛在客戶對商品的認識，唯一透過與行銷人員的接觸與感受才能產生認同感與需求心理。

美國行銷大師 Jeffery H. Gitomer 曾說「推銷是一種訓練，是一種個人對成就的奉獻，這種奉獻只有透過訓練，才能持續並以發自內心的自我控制來改變，而非外在的結果。」大師所言，使我們瞭解：

第一銷售工作不僅是一門藝術，也是一項科學方法。

第二就銷售工作藝術性而言，其在於經驗的累積，而瞭解到隨時要從客戶的觀點與需求取向進行思考。就其科學性而言，其在於透過學習方式使具備自我推銷能力、說服力，以及面對拒絕之抗壓耐力。

第三正確的銷售概念與能力，皆可由持續的訓練而達成。

依上述之認識，我們可以設計出一套完整的銷售能力培育之基本架構，其規劃方向如下：

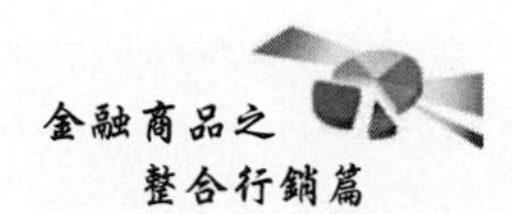

1. 態度訓練

消極的處事態度是銷售工作的失敗主因，不同於一般內勤工作，銷售工作是沒有固定的結束時間，而只有隨時達成任務，如果抱持著從事傳統上下班的工作心態來從事銷售任務，是無法勝任愉快，因此調整工作態度與價值感是從事銷售工作成功的基本因素。以下四大原則可做為訓練的重點：

（1）建立自我要求的思考模型

當行銷人員面臨工作不順利的時候，必須提示不要將自己的處境怪於外在的環境或其他人，要使自己隨時能有極積的自省觀念，如果你一直怪罪別人，下場將如何？八成的錯不會是他人而是在你自己身上。

（2）養成想要進一步瞭解客戶的習慣

要求自己養成想與客戶主動保持聯繫之習慣，以及想更進一步了解客戶狀況的心態，如果你聯絡不上你的客戶或是有被拒絕見面的感覺，那是你的問題，因為你沒有弄清楚什麼是最適當的時段與最佳時機。

（3）培養鍥而不捨的工作能力

大部份的客戶不喜歡提供肯定的

答覆或直接的接觸，但都會尊敬一名具鍥而不捨精神的行銷人員，如果完成一筆生意需要無數次的接觸，就必須有能耐持續下去，即使最後的答案是「沒有成交」，至少你証明了自己的能耐。

（4）培養以解決問題為行銷工作之基本原則

你必須向你的客戶表達銷售不僅是在介紹商品，最主要的工作是解決客戶的問題，因此當你能將銷售轉移至專注於客戶問題的解決，你會發現事實上，每一次面臨阻礙時都意味著另一次成交的機會。

2. 魅力訓練：

相關研究顯示在銷售的過程中，行銷人員獲得客戶的讚賞，好評與信任的程度與其成交比率有顯著正面的關連性，因此，如何培養行銷人員具備令客戶信任與欣賞的氣質，其魅力訓練的重點在於：

（1）主動自我表達

與準客戶接觸時，主動的提供自己的背景資料，以儘量能在短時間內減低彼此的陌生感與防衛心態。

（2）對準客戶要瞭若指掌

無論間接或直接接觸客戶時，必須隨時將接觸後的記錄整理建檔，內容愈詳細愈能瞭解客戶，這可有加深印象的效果。

（3）穿出專業形象的外表

注意符合專業的衣著與配件，一切都要打理得體，整齊與乾淨。

（4）表現出專業的表達方式

進行商品的說明與介紹時，迅速切入主題與重點，化繁為簡，並提出問題，使客戶能進行思索，耐心聆聽後再表達你個人的觀點。

PART III　理財人員培育篇

第五章　人才培育規劃

有效培養具行銷能力理財人力資源，實為金控公司建立跨業行業機制之致勝主要關鍵。因為，一位成功的跨業行銷高手，即除如前述必須熟悉金融商品整合行銷策略之規劃與執行外，亦必應訓練自己成為讓客戶充分信賴的理財顧問。準此，本篇特別介紹行銷人員欲成為理財顧問所必須準備之基本專業條件。

第一節　對金融體系運作之認識

所謂金融體系，即為形成金融產業運作之架構，其中包括金融中介與金融交易。健全的金融體系是透過完善的管理規範，使資金的運作能完全符合自由市場原則之下充分的發揮有效流通，以推動經濟的成長，而其中金融中介與金融交易即扮演著重要的角色。

在自由市場經濟架構原則下，收入與支出不可能永遠處於平衡狀態。當收入大於支出時，即有多於之資金可供出借，而成為資金之供給；然而，當支出大於收入時，即對資金之短缺，而產生需要即為資金之需求。為解決資金需求不足的問題，除了平時有儲蓄或進行私人借貸外，最有效的方法就是透過金融中介（Financial Intermediaries）來進行融通；或透過金融市場之運作來進行募集。因此，金融中介或金融市場存在的目的，即是將資金提供者與資金需求者有效率的撮合在一起，使資金能順利的流通。

所謂金融中介又可分為存款貨幣機構與非存款貨款機構如下：

1. 存款貨幣機構，包括商業、專業銀行與基層金融機構。其中商業銀行的主要業務為收受存款（活期、定期）、提供信用貸款（短期、中長期）。專業銀行與基層金融機構的主要業務係政府為便利提供專門事業經營發展之資金需求所設立之銀行，主要經營為提供國家經濟發展各種許可事業之融資借貸及直接投資等業務。
2. 非存款貨幣機構，包括保險公司、投資信託公司、以及證券金融專業機構。其中保險公司主要業務為提供消費者人生與財產投資損害之保障，投資信託公司經營受託人資金與財產代管，經紀與運用之業務。證券金融機構為消費者提供有價證券承購、買賣、以及交易之業務。

第二節　對金融商品的瞭解

由於消費者對金融商品之需求係屬潛在性，因此購買動機變化極大，如確切的以消費者之需求去規劃金融商品實屬不易。然而，卻可從下列三大金融市場屬性進行區分：

1. 貨幣型金融商品

係指政府、金融機關、企業等為籌集短期資金需求（係以一年以內為原則），所發行付息並到期還本之有價證券型之商品，其規劃項目略如下：

（1）國庫券

係由政府財政機構發行短期性（到期日不超過一年）之負債型有價證券，並採付息方式發行。

（2）銀行承兌匯票

係由公司法人或自然人以特定銀行同意於未來特定日期支付款項所簽證發行之短期性有價證券。

（3）可轉讓定期存單

係銀行為籌措短期性之資金需求所自行發行之有價證券，於到期日前持有人可進行出售或轉讓或於到期日時，持有人可獲得銀行還回之本金及利息。

(4) 商業本票

係以商譽佳為資格之大企業為籌集短期資金需求，由銀行或金融投資機構保證信用之短期性負債型有價證券，其利率大致略高於一般定存利率。

(5) 附買回協議

係由借款人與所出借人的一種附帶條件式的約定，即同意將有價證券（以債券為主）賣給出借人（債權人），並等到一定期間後再以特定價格於特定之日期買回。

2. 資本型金融商品

係指政府、金融機關、企業組織為籌集長期營運資金所發行之有價證券。其目的有二，其一為債權，即投資人擁有債權並獲得較穩定的利息；其二為股權，即投資人持有股東的權益，並獲得依股份比率之分紅。準此，其商品種類略可歸納如下：

(1) 政府債券

政府財政單位為規劃國家預算支出所發行的舉債性的有價證券。其特性包括：具面值（即發行每一單位的價值）、票面利率（即持有者可獲取之每年利息比率）、到期日以及固定付息日。一般而言，投資人購買政府債券

尚屬收益穩定，風險性較低的一種金融商品。

（2）公司債

係為大型之公私企業組織，因經營之需求而資金所發行的舉債型有價證券。與政府發行債券唯一不同處在於企業之償債信用風險高於政府。因此，投資人選擇及投資公司債必須考慮公司之經營體質。

（3）可轉換公司債

係為另類的舉債型有價證券，當企業發行之公司債係訂定條件已於發行一段時間後，投資人有權利依其情況決定是否將債權照其事先所規定的比率轉換成股份，而發行公司有義務履行投資人的選擇。可轉換公司債之發行可提供投資人在投資時的避險管道。例如：當公司股票價值上漲時，投資人可選擇轉換成股票；當公司股票價值下跌時，投資人仍可持有對公司的債權。

（4）股票

係指公司制之企業經營組織為表彰股東出資後對公司之所有權所發行之有價證券。其中可分為：

① 普通股票

即表彰股票持有者對公司最基本的所有權（或稱之最終的所有權）。其中包含當公司獲利時，股東可得公平的盈餘分配；然而，當公司虧損或經營不善，股東可能獲得較低的盈餘，甚至須待各項債務獲得清償後，才能分配到剩餘之價值。

② 特別股票

此乃表彰股票持有人對公司具有特殊的所有權。其包含當公司獲利時，股東可得公平的盈餘分配；然而，當公司虧損或經營不善時，股東可享有較普通股權之股東優先分配盈餘，以及債務清償後優先分配到剩餘資產的權利。

（5）共同基金

係指專門從事投資業務的機構（投資信託、投資顧問）所發行的有價證券，其目的為籌集投資人的資金交予此事業投資機構進行管理，以及投資其他之有價證券，以購得其投資之利潤分給投資人，在此過程中，投資機構則賺取部分比率之佣金費用。基本而言共同基金之設計分為二，其一為封閉式，若基金之組成以封閉型為主，投資者買賣交易方式如同一般股票；其二為開放式，若基金之組成以開放型為主，投資人買賣交易以每一單位淨值計算，並可進行贖回。

3. 期貨

係為一種可進行交易的遠期契約（Forward contract），而與一般兩方訂定在未來必須履行權利義務之合約所不同的是，期貨型之契約其內容之訂定更具標準化，而其標準化的目的是在於便利兩方可進行契約交易的效率性。當兩方訂定期貨合約，在合約未到履行權利義務之前，持有合約者得視其持有部分的風險與利益之評估，可在集中市場進行交易，將其權利進行賣出，或進行買進以獲取期間之差價利潤。

4. 選擇權

如同期貨商品，皆屬契約性之有價證券，亦稱為衍生性之金融商品。其主要設計為買賣兩方訂定可交易性之權利與義務性之合約。係為持有人（買方）有權利於兩方訂定之未來某一特定日期，以固定價格向買方購買（或出售）一定數量的合約標的物，其標的物的內容可包含股票、貨幣、市場指數等。而合約賣出的一方必須負有”義務”賣出（或買入）其相對之標的物。

針對選擇權的持有人而言，其權利是有選擇性的，亦即視標的物情況之發展，可要求賣方履行合約，亦可予以放棄權利，在合約到期的期間內，持有者可依其評估與分析，將合約賣出或買入進行交易，而獲取差價利潤。

5. 認股權證

亦為衍生性產品之一種，其條件設計類似選擇權，而與選擇權之不同處，在於認股權證合約之產生係如同股票，必須由發行人進行募集與發行之程序。反之，選擇權之發行為交易市場。依其條件所設計出之契約，只要有合乎其契約條件之兩方，皆可成為買方的賣方或賣方的買方。準此，所謂認股權證，即為由發行人（公司或法人機構）進行發行的有價證券，其內容訂定持有人（買方）在未來特定的日期，擁有權利在一定的價格內購買（或出售）發行人所發行的股票。反之，發行人（賣方）必須有義務賣出或買入其股票。

第三節　人身保險商品的認識

保險商品的設計與上市，其主要目的即在有效管理風險之發生，而使當事人因遭遇危險所帶來的損失，受到一定程度的保障。準此，人身保險商品（即人壽保險）之規劃即在保障並減低人類生命因遭遇危險所發生的損失。而人壽保險商品的種類略可歸納如下：

1. 定期壽險

係指提供死亡保障的保險，亦即被保險人在約定的一段期間內發生危險或事故而死亡，保險公司有義務給付約定的金額。然而，若在約定的期間終了，被保險人仍生存，則此保障亦隨之終止與失效。而定期壽險亦因保障期間的長短而有所不同。例如短期定期壽險、長期定期壽險、可轉換型的定期壽險（Convertible Term Life Insurance）、遞減型定期壽險（Decreasing Term Life Insurance）與遞增型定期壽險（Increasing term life Insurance）

（1）投資型壽險

係指將保戶所繳納的保費分置於二個不同之分離帳戶中進行管理，其一為傳統之一般保費帳戶，其二為進行投資運用之特殊帳戶。當客戶購買此類型壽險產品後，其保單之價值將隨著分離帳戶中之投資運用之績效而有所增減，即當投資收益高於預定水平時，保險公司會為其客戶自動買入額外的保障，以增加其保單的價值；反之，若實際投資報酬率小於預定利率，則保單的價值將縮減。但其原始之基本保障將不會受影響。

（2）萬能壽險

係為能提供客戶彈性收繳保費之定期壽險，其最大特點在於其靈活性。即可選擇性的繳納保費以及可調整性的設定保險金額。客戶繳納了首期保費後，可選擇以後在任何時間繳納任意數額的保險費。例如：張先生在四十多歲時持有萬能壽險，並於每年繳付 2,500 元保費，其死亡給付十萬元，如此支付了三年以後，由於張先生創業需要資金運用，因此，張先生在往後的四年中都沒繳保費，由於張先生購買的是萬能壽險，其現金價值能可持續維持其保單的價值有效性，待張先生有錢後，再繼續繳納保費或增繳較高之金額。

2. 生死合險

係指被保險人無論是在保險有效期間內死亡或甚至在保險有效期間屆滿後仍生存，生死合險皆必須履行給付被保險人約定之保險金之義務。生死合險之設計其主要除了死亡保障外亦提供生存儲蓄之功能。

3. 終身壽險

係指一種沒有特定保險有效期限的死亡保險，亦即只要被保險人在特定期間內履行繳交保費之義務，終身壽險契約提供無限期之死亡保障。

4. 年金保險

依照淡江大學林麗銖教授的解釋。所謂年金保險係指要保人交付保險費予保險人，保險人於特定時間開始，在約定期間內定期給付一定金額的保險契約。亦即購買年金保險的人於一次或連續之繳清保險費後，所換得的是保險人於年金受領人生存期間定期支付一定金額的承諾。因此，一般之人壽保險是在被保險人死亡後，保險公司才給付保險金。然而，年金保險則是在被保險人活著期間，保險公司才給付保險金。若被保險人死亡，則停止給付。準此，規劃年金保險之主要目的在於保障被保險人生存之保障，適合退休後的生活之經濟安排。

5. 醫療保險

亦稱健康保險。係指為保障被保險人因重大傷病需長期治療所產生的龐大醫療給付與費用之支出。其中大致包含住院費用、手術費用、醫療藥物費用，甚至亦有保養與看顧費用等。為避免資源的浪費，醫療保險皆設有自負額條款、等待期條款、以及既往症條款等之限制。人壽保險皆為長期性之保障契約。

6. 團體保險

係指由企業組織為員工之生存或生活保障所提供之福利，而採保險方式為之。由於團體保險之保費大致由雇主提供，亦有與員工部分負擔。因此，被保險員工對保險金額與保障項目再選擇上亦有限制。然其保障內容大致為意外傷害保險、醫療補助保險、工作失能保險以及滿期給付保險。

第四節　投資分析能力之培養

投資係指運用目前所擁有之資產以獲取未來更大的收益。因此，評估投資之效益包括考量所需投資時間長短因素、考量所需投資於未來預期所得報酬產生是否能大於目前所擁有資產之價值、考量所需投資之不確定因素。另為有效且精準分析所需投資標的物之可投資性、獲利以及潛在價值。亦需具備企業財務分析、有價證券之評價、金融商品利率評估等專業能力。

1. 時間價值（Time Value）

　　如目前所持有之資產以貨幣為主並進行投資，其每一單位之幣值於不同的時間，其價值皆不同，主要原因在於利息，而利息的產生出自於貨幣之時間價值（Time Value of Money）。簡言之，每一元貨幣在不同的時間期，其價值不同。就算在無通貨膨脹之情形下，現今的一元要比未來的一元較具價值。因為這一元之擁有可將今日的一元投資於各種投資工具。例如債券、保險、定期存款等。而這類的投資工具為了吸收長時間之投資而未來的本金與利息將會大於目前的一元。因此要瞭解貨幣時間價值所能提供時間利息給付如下：

(1) 單利(Simple Interest)與複利(Compound interest)

一般利息之功能計算為單利與複利。單利係指單純之每期之利息以原始本金乘上約定的利率計算而得之。而複利係指每期之利息轉入本金而乘上約定的利率計算而成。此二者計算利息之差異在於單利之計算未將每次獲得的利息再納入原始本金計算生息,而複利則是將每期利息重新與本金加計利息,(即利上利)。例如張先生想購買三年期銀行定存 12,000 元,而此定存之利息為年利率固定 6%,其給付分單利與複利方式。為使張先生更瞭解何謂單利與複利記息方式,銀行理財部李專員將其分述如下:

單利　存三年

12,000 元 ×【(1+6%) ×3】=14,160 元

複利　存三年

12,000 元 × $(1+6\%)^3$ =14,292 元

準此,客戶清楚瞭解金融產品所提供固定付息之方式,將成為其產生購買意願之重要抉擇之一。

（2）終值（Future Value）與現值（Present Value）

所謂終值，係為貨幣在未來特定時間所為之價值。亦即含括貨幣的時間價值。一般而言，可以為複利的結果表示之。反之，現值係為未來貨幣於目前的價值。常為計算終值預期結果之反推。準此，二者相互轉換之算數方式如下：

（參考“投資型保險商品”，財團法人保險事業發展中心）

$$FV = PV \times (1+r)^n$$
$$= PV \times FVIF_{\langle r,n \rangle}$$

其中 FV 為終值，PV 為現值，r 為年利率，n 為年數或期數，$FVIF_{\langle r,n \rangle} = (1+r)^n$ 為複利終值利率因子（Future Value Interest Factor）。另由上列終值公式，反推現值公式為：

$$PV = FV \times \frac{1}{(1+r)^n}$$
$$= FV \times PVIF_{(r,n)}$$

其中 PV 為現值，FV 為終值，r 為年利率，n 為年數或期數，$PVIF_{(r,n)} = \frac{1}{(1+r)^n}$ 為複利現值

利率因子（Present Value Interest Factor）。

例如張先生打算於每年之年底存 1,200 元，連續存六年，而固定年利率為 6%，每年計息一次，張先生想瞭解第六年年底連同利息與本金，他能獲得多少貨幣價值，銀行之客戶理財專員李小姐為他清楚地進行計算如下：

終值=1200 元 ×

【 $(1+6\%)^5+(1+6\%)^4+(1+6\%)^3+(1+6\%)^2+(1+6\%)^1+1$ 】

= 1,200 元 × 6.975

= 8,371 元（張先生存款第六年年底之終值）

另張先生欲為五年期定期存款 37,724 元，以 6%之年利率而言，目前需要存入多少錢才能達到？並以每年計息一次試算之：

現值= 37,724 元 × $\dfrac{1}{(1+6\%)^5}$

= 37,724 元 × 0.7473

= 28,191.14 元（張先生存款目前之現值）

有關終值與現值之計算，可使客戶更清楚了解其所購買與投資標的產品在未來所獲得的價值，以及未來的投資所得於目前的估算價值，以作為使投資能力與價值之重要參考。

1. 投資報酬率（Return of investment）

投資報酬率係指投資所得之利潤或收益。由於投資報酬有其風險性。因此，其期望值之推算即為預期報酬率。例如張先生在甲股票每股 90 元時買進十張甲股票，總共花了 90 萬元。而在五個月後，當甲股票每股漲到 110 元時全部賣出。在不考慮交易成本與投資時間之原則下，你的投資報酬率等於 22%（20 萬元÷90 萬元）。另因甲股票在持有期間發現金股利每股 1 元於投資人。準此，除上列投資報酬率外，再加上每股股利之納入，其總投資之實務報酬率之計算公式為：

$$TR = \frac{PV_2 - PV_1 + OV}{PV_1}$$

其中 TR 為總投資報酬率，PV_2 為期末資產價值，PV_1 為期出資產價值，OV 為其他收益。

準此，對甲股票之總投資之生產報酬率應有

$$TR = \frac{1,100,000 - 900,000 + 10,000}{900,000} = 23.33\%$$

此外，除上列所述，係針對投資標的計算其實際投資獲利之比率外，亦可為投資標的推算其未來可能之獲利，稱之為預期報酬率。例如張先生想了解甲股票目前股價為 110 元，假設當景氣好時，可能上漲到 200 元；當景氣持平時，維持在 130 元；當景氣差時，跌到 90 元。另假設景氣好時之機率為 40%；景氣持平時之機率為 40%；景氣差時之機率為 20%。而如此持有一年後，其預期報酬率為多少？理財專員李小姐首先設計出一代表甲股票在不同前間之股價變化之報酬率比較表，如下圖：

景氣預期值	股票市值	發生預期率	預估報酬率
好	200 元	40%	81%
持平	130 元	60%	18%
差	90 元	20%	-18%

（資料來源：財團法人保險事業發展中心）

由上述表列，張先生可以清楚的瞭解，在不同經濟景氣情況預期中，其股價可能發生的變化以及其投資報酬率。因此，李小姐可以依據公式如下：

$$\text{預期報酬率}\sum_{i=1}^{N} PiRi = \frac{P_1R_1 + P_2R_2 + \ldots + P_NR_N}{PV}$$

來計算其持有甲股票一年後之預期報酬率為多少？則

$$預期報酬率=\frac{\langle 200元\times 40\%\rangle+\langle 130元\times 60\%\rangle+\langle 90元\times 20\%\rangle}{110}$$

$$=\frac{176元-110元}{110元}=60\%$$

3. 投資組合（Portfolio of Investment）

所謂高獲利、高風險、低獲利、低風險，即為了要達到”高獲利，低風險”之理想境界，即以投資組合之方式達到風險分散為目的。

所謂投資組合理論，簡言之，就是不要把所有的雞蛋都放在一個藍子裡的投資觀念。這裏所指的雞蛋，代表投資者的資金，而藍子代表投資標的。而風險分散的原則，就是投資者應將資金投資於相關性低的投資標的上，才能達到分散風險之效率。準此，投資組合理論，即為：

（1）計算投資組合的報酬率=（A 股權數 × A股平均報酬率）+（B 股權數 × B股平均報酬率）

例如張先生購買甲基金的報酬率為 18%，而購買乙債券之報酬率為 15%。而他將資金的 60%投資甲基金，

40%投資於債券，其此項投資組合的報酬率將為：

預期投資報酬率=（0.6×18%）+（0.4×15%）=16.8%

其中 0.6 表示其 60%之資金投資於甲基金，0.4 表示其 40%之資金投資予以債券。準此，運算公式應為：

投資組合平均報酬率 E（Rp）=投資第 X 種資產的資金權重（Wx）×第 X 種資產的報酬率（E（Rx）+…

（2）計算投資組合的風險值

所謂風險值，係指投資報酬的不確定性。簡言之，即是當張先生購買了甲基金，其預期報酬率 20%，但甲基金的預期報酬率有 30%的機率是報酬率為 40%；有 30%的機率是報酬率為 30%；亦有 40%的機率是報酬率為-40%。而這三種報酬率的機率都和預期報酬率 20%有所差異。因此，為確實估算預期投資報酬率之風險機率，以掌握不確定性風險值的計算是一項極具參考性之指標。

基本上，求得投資報酬率之風險值，即計算其變異數以及其變異數之標準差。例如求得前述

甲基金投資報酬率之標準差（σ）＝
$$\sqrt{\langle 40\%-20\%\rangle^2\times 0.3+\langle 30\%-20\%\rangle^2\times 0.3+\langle -40\%-20\%\rangle^2\times 0.4}\approx 39\%$$

上列之標準差即代表投資甲基金之投資報酬風險值。

理論上，當標準差值愈大，表示風險愈高。實際上，風險值之衡量必須與報酬率相配合，從下列財團法人保險事業發展中心所匯整的統計資料中清楚看出，從民國七十六年到民國八十五年，台灣股票、公債、商業本票之平均報酬率及標準差，其中投資股票的平均年報酬率為 37.78%，相較於公債之 7.48%，以及商業本票之 6.68%為高。然而，其風險值 63.95% 亦遠高於公債之 1.24%，以及商業本票之 1.66%。

然而，論及估算投資組合之風險值，除依例先計算出單一資產投資中之標準差外，必須考量到個別資產報酬的變異數及各個資產報酬間的關聯性。也就是說在投資組合中，當甲資產上漲 1%時，相對於其他資產價值之相關性為何？如甲資產上漲，而乙資產亦上漲，其相關性為正向。如甲資產上漲，而乙資產下跌，其相關性為負向。而其係數之表彰，以介於-1 和 1 之間。

投資組合中，60%之資金投資甲基金，其標準差 50%而 40%之資金投資乙基金，其標準差為 40%，而甲、乙基金間之相關係數為 0.7, 其之標準差計算如下：

投資組合標準

$$=\sqrt{\langle 0.6^2 \times 0.5^2 \rangle + \langle 0.4^2 \times 0.4^2 \rangle + \langle 2 \times 0.6 \times 0.4 \times 0.7 \times 0.5 \times 0.4 \rangle}$$

$$=\sqrt{0.1828} \approx 42.75\%$$

其中 0.6 表示 60%之資金投資於甲，0.4 表示 40%之資金投資於乙，0.7 為甲乙之相關係數。準此，

運算公式為：$\sigma_p = \sqrt{w^2\sigma_1^{\ 2} + w_2^{\ 2}\sigma_2^{\ 2} + 2w_1w_2P\sigma_1\sigma_2}$

第五節　對財務分析之認知

財務分析即針對投資標的之公司與企業進行財務狀況之瞭解，為分析投資意願之重要功課。藉由詳實的分析工作，可知該公司之營收虧損以及資金來去，而作為預測未來以及是否可於投資之參考。財務分析之基本觀念可分為二：

1. 報表分析，即判讀公司公佈表達財務情況之會計報告，以使股東瞭解公司日常營業時之財務狀況，而作為其投資結果之基本研判資料。基本之財務報表，包括資產負債表、損益表以及現金流量表。

(1) 資產負債表

資產負債表由資產（asset）、負債（liability）與股東權益（equity）三大項目所組成。資產代表公司所擁有的一切有價物（例如現金、流動資產、固定資產…等）。負債代表公司一切應償還於債權人（包括銀行、供應商或稅款等）的債務。而股東權益代表股東投資該公司之淨權利，亦即資產-負債=股東權益，而股東權益+負債=資產。依會計慣例，資產負債表之表達格式略如下：

1990 年度

（千元單位）

流動資產	$164,007	流動負債	$ 54,007
固定資產	77,001	長期負債	32,001
其他資產(現金)	3,441	股東權益	158,441
資產合計	$244,449	股東權益及負債合計	$244,449

（2）損益表

損益表揭露公司於整年度的收入與支出情形，用以分析公司該年度經營之績效，而為投資人能賺取多少錢。損益表之表達格式略如下：

1990 年度

（千元單位）

銷貨淨額	$ 35,154
銷貨成本	（20,061）
管理費用	（ 9,041）
營業淨利	6,052
利息費用	1,170
其他收入	431
稅前盈餘	$7,653

（3）現金流量表

現金流量表表達該公司現金流出以及現金流入，使股東能了解公司是否有足夠的現金清償到期應負之債務，以及開支而不會有周轉不靈之情況。現金流量表之表達方式略如下：

1990 年 4 月 20 日

（千元單位）

營運活動現金流量	
從客戶收回之現金	$9,445
利息收入	3,221
支付員工款項	(1,123)
營運活動流量	11,543
投資活動現金流量	(1,152)
現金餘額	$10,391

2. 比率分析

即依財務報表內容進行二個相關項目間的比重分析，以更深入了解該公司獲利、經營、償債能力以及財務結構是否良好的評斷參考。較為常用之比率分析分述如下：

（1） $流動比率 = \frac{流動資產}{流動負債}$

流動比率愈高，表示償債能力愈強，債權人愈有保障。但是，若有資金呆滯的現象，流動比率愈低，表示有資金週轉不靈的隱憂。

（2） $負債比率 = \frac{負債總額}{資產總額}$

負債比率評估公司總資產中由債權人所提供資金之比率。比率愈小公司債務愈少。

（3） $本益比 = \frac{每股市價}{每股盈餘}$

本益比為投資大眾最需要知道與關心的指標。所謂本益比，即指每股市價除以每股盈餘。也就是說，投資人每獲利 1 元盈餘，必須付出多少代價去購得。因此，當比率低表示投資人可以較低的代價獲得相同的利潤。

（4） $每股盈餘 = \frac{稅後純益 - 特別股股利}{流通在外普通股股數}$

每股盈餘表示每一普通股能獲利多少純益。因此，當比率愈大即顯示投資每股的獲利能力也愈大。

第六節　對風險觀念之建立

保險乃為針對人類生命與財產發生風險時所規劃出之保護管理。就人生理財規劃而言，其為提供保障的一項商品。所謂風險（Risk），係即造成人生損失的不確定因素。也就是損失的發生是人為無法控制的，例如意外的發生、天災人禍、病痛等。因此，期以人為的方式來控制風險所帶來的人生損失，即是保險商品設計的重要功能。

就理財規劃範圍而言，保險商品扮演著「防範與守成」的角色，在整合理財商品的規劃安排中，有其重要性。準此，下列說明即在介紹認識保險產品之基本特質：

1.　保險費率

即保險商品的價格。亦稱保險費（Premium），以站在保險公司之立場而論，保險費係指所承擔危險發生的代價。若以消費者的立場而言，則指損失的分攤。總而言之，保險為一群面臨相同風險的人之損失分攤計劃。而保險公司只是扮演媒介的角色，將集合全體被保險人所繳交的保險費，以最合理的設計與方式給付給發生損失的人或其關係人。換言之，全部的保險成本是由所有參加保險者分擔，即所謂「收支相等原則」。然而，求公平、合理起見，危險性愈高的人，所應分擔的金額也就愈多。另為考慮保險之時間成本以及保險公司營運費用，以及獲得合理利潤。因此，保費價格的設定應以死亡率、利率及費用率為期規劃之主要考量。

2. 責任準備金

即為依保險法之規定，保險公司必須從保戶每年繳納的保險費中提存保管的金額，以為確保當要保人發生損失時，能夠完全履行給付保險金的責任。因為此筆提存金額滿期以前不必給付，因此這個期間就由壽險公司保管，並能運用孳息。

3. 保險契約

人身保險契約即為由要保人（保戶）與保險人（保險公司）間所定立之約定。其中與保險契約發生直接關係者稱之為人身保險契約地當事人，包括保險人與要保人。而與人身保險契約發生間接關係者稱之為人身保險契約的關係人，包括被保險人及受益人。

契約內容大抵規範於一定年限內，要保人繳納保費於保險人，而保險人則於被保險人或其他保險對象在約定年限內以及一定之符合條件內，如同意外事故、疾病、殘廢、死亡或醫療費用之支出時，或屆約定年限仍生存時，依約定的保險金額或一定範圍內給付於被保險人或受益人之兩方合法約定。準此，人身保險契約之定訂約具下列原則：

（1）最大誠信原則

由於保險契約的簽定，必須要要保人與保險人雙方對契約內容均同意始成立。然而，保險人對於被保險人的情況無法主動瞭解，僅能以事情的告知來判斷是否要承保。因此，保險法明確規範，要保人或被保險人皆必須本著最大誠信的原則，就限定兩方契約的訂定。

（2）保險利益原則

乃指要保人對於被保險人的損失具有利害關係，而可獲得合法的經濟利益。例如要保人會因被保險人的生命或身體遭受傷害或死亡，以至於在生活與經濟上發生困難時，可獲得保險利益之保障。保險法規定保險契約之有效性必須以保險利益的存在為前提，其主要目的有二：一為避免賭博行為，二為防止道德危險。

（3）主力近因原則

所謂主力近因，即為導致被保險人的損失（死亡或受傷）的最主要或有效的原因。例如導致被保險人死亡或受傷的原因有二個以上時，則最先發生並且造成事故發生的原因，就是所謂被保險人損失的「主力近因」。也就是說當導致被保險人損失發生時，法理上的判決通常採主力近因原則，即是以因果關係來判斷。如果導致的損失之主要近因為保單上所保危險，則保險人自應負責，反之，則應不負責賠償的責任。

（4）損失分攤原則

所謂損失分攤原則，即是在保險事故發生後，保險人與保險人之間對於理賠金額的分攤之基本概念，其主要原因以防止被保險人有不當獲利的情況發生。然而，損失分攤原則在人壽保險並不適用，而實支實付型的健康險商品因較適用損害填補原則，故亦適用於損失分攤原則。

（5）保險代位原則

即為被保險人因保險人應負保險責任的損失犧牲，即對於第三人有損失賠償之請求者，保險人得於給付賠償金後，代位行使被保險人對第三人的請求權。也就是說保險公司在給付被保險人之理賠後，可直接向加害的第三人要求賠償。如此可防止當被保險人於保險事故發生時，一方面可向保險公司申請保險理賠，而另一方面又可對加害的第三人請求賠償，而有雙重獲利的可能。

（6）損害補償原則

即為被保險人因保險事故發生所受的損失，應該獲得賠償，而此賠償金額必須使被保險人在經濟上恰好能恢復至保險事故發生以前的情況。通常損害填補原則適用於人壽保險，而人身保險契約是以要保人與保險公司於訂契約時，依照簽約時的保險金額約定。而有關實支實付行的健康險較可適用於損害填補原則。

4. 保險核保

所謂核保（underwriting）係為保險人透過危險標準，針對要保人進行危險評估，以決定承保與否之過程。準此，核保的目的除了在於評估其合理的保險給付費率外，另一重要因素為避免道德危險。也就是防止動機不良或具高危險性者來投保，並透過核保的程序予以剔除。而核保之基本參考資料包括：要保書、業務人員報告書、體檢報告書、生存調查報告等。核保的重要分析因素包括：年齡、性別、身高及體重、身體健康狀況、個人病史、家族病史、職業、生活環境、保險利益、財務狀況等。

5. 保險理賠

保險理賠是保險公司最重要的任務。準此，保險公司的理賠處理是否適當，對保險公司的經營以及對保戶的服務具有重大的影響。因此，保險公司之理賠處理必須府合二項原則：

（1）是迅速、積極、主動之處理為原則。

（2）是公平、合理、客觀之審核為原則。

PART IV 個人理財之規劃篇

第六章 個人理財之投資規劃

所謂投資理財規劃之基本原則，即略將個人一生的收入扣除一生的支出所剩餘之財務資源進行投資規劃。而產生具保障且最滿意之收益。因此，為達到此目標，理財規劃似不同於僅高風險的投資及購買僅保本之商品。其最主要的考量應在於客戶對風險承受程度、對生命與生活之規劃、以及對理財規劃之價值觀念的認定。準此參考台灣金融研訓院之理財規劃實務所述似可將理財規劃之基本考量，分述如下：

1. 風險承擔

為了解顧客對理財規劃之風險承受程度，理財規劃人員可由年齡對風險承受程度的影響之方向進行分析。原則上，當人們年齡愈大，所能夠受的投資風險也愈低。其觀念源自於所謂之『本金攤平機率』理論如下：

當年齡愈大，過去儲蓄部份亦愈大，而未來的儲蓄部份愈小，而過去的儲蓄是現在的投資風險部份，當投資造成損失時，未來的儲蓄可作為現在投資。損失後往下攤平本錢的機率也變為減少。例如 30 歲的王小姐每年可儲蓄 12 萬元，工作 3 年後 36 萬元積蓄可進行投資，即使這 36 萬元的投資造致一半的虧損，日前僅餘10萬元。然而，王小姐還有35年的本錢進行儲蓄來攤平其投資的損失。而同樣的投資虧損發生在60歲的李先生身上，其攤平機率就小於王小姐許多。然而，現實生活中，年齡對風險承擔之程度影響，可分為四大類型：

（1）年齡輕且願承受風險者

此類客戶似可建議其理財規劃之投資部分傾向於較高風險之標的，如股票、科技基金等。而保障部分可傾向於保費負擔較低之定期壽險搭配較高額的意外險。

（2）年齡輕但不願承受風險者

此類客戶似可建議設計其理財規劃之投資部分應傾向於債券式，以分散方式投資多種平衡式之基金。而保障部分傾向於定期壽險搭配中短期之儲蓄險。

（3）年齡大卻願意承受風險者

此類客戶可建議在投資部分似可傾向以操作衍生性之商品與匯率、股價指數、各股結合式基金組合之連動性投資，而保障部分可傾向購買投資型保單。

（4）年齡大且不願意承受風險者

此類客戶可建議在投資部分傾向於定存式固定收息之基金，而保障部分傾向於購買活的愈久領的愈多的退休年金。

2. 生涯規劃

生涯規劃即是對個人生命各階段之發展進行財務規劃以獲得經濟上的保障。對顧客而言，充分了解生涯規劃之重要性，將可使個人對生活與生命之發展獲得經濟上之安排以及預期之掌握，近而能改善生活品質以及對家庭與社會的責任產生正面的影響。

為使顧客認識生命規劃之重要性，必須先了解其人生發展的各階段與理財活動間之關係性：

（1）青春期

係指約 15-24 歲間之人生，在此期間因個人無論在日常生活與事業發展等，皆尚屬於求學與依賴父母生活之狀態。因此，在理財活動方面，無法達到自給自足的情況。再此時灌輸養成儲蓄的習慣是理財規劃的初步。

（2）成年期

係指約 25-34 歲，個人已從求學狀態發展到獨立生命之成年人，亦即所謂踏入職場的社會單身人士。因此，在理財活動方面，係因已能自給自足而無家庭負擔的情況，在此期間可建議購買承擔有限風險以及較高收益的投資商品為最理想的理財規劃。

（3）壯年期

係指35-44歲期間，個人已從經濟獨立尚無家庭負擔的階段進入事業發展並開始組織家庭的階段。在此期間建議較為固定收益而穩健成長而相對風險低的金融產品為益。

（4）中年期

係指45-54歲期間，個人在人生經歷豐富而事業有成，小孩也已進入大學或學業之深造，在收入相對增加之情況下，除了繼續支持小孩之教育，而剩餘之資產可以考慮規劃籌集退休金。在此階段可建議建立多元化之投資組合，仍依個人的風險承擔程度，以分散風險之方法進行規劃，其中可包括投資有限度風險之基金以及養老型與投資型保單並重。

（5）成熟型

係指55-64歲期間，個人無論在事業、家庭皆已達到最高峰，小孩已獨立自足負擔減輕，資金剩餘多於付出。然而，個人亦面臨即將退休的情況，在此期間建議降低風險性的投資與組合，以計畫購買固定利益與風險低之金融商品。

（6）退休期

係指65歲以後，個人從職場退休，兒女已成加，快樂的過著晚年生活，在此期間可建議將累積的資金一部分，購買活的愈久領的愈多的退休年金。

3. 理財價值觀

所謂理財價值觀，係指個人對金錢運用優先順序的觀念，僅因人類成長背景不同，因此對理財價值的觀念亦有不同。了解客戶理財價值觀可明確的掌握客戶的需要，以對症下藥，充滿其需求。一般而言，客戶對理財的價值觀念分為四類：

（1）先犧牲後享受型

此類客戶重視退休後的生活，情願年輕時少享受，待退休後再過著高品質的生活。因此，對此類客戶宜依其意願，規劃據儲蓄以及部分有限度冒險性的投資。

（2）先享受後犧牲型

此類客戶注意目前的生活享受，而對退休後的生活僅抱持著走一步算一步的心態，對此類客戶宜向其建議在不影響目前生活品質的原則下，應喚起籌備退休後基本需求的意願，以進行理財規劃。

（3）節衣縮食型

係指以購屋買不動產為理財的首要目標，為了購買自住宅而背負長期房貸者，而且為此必須過著節衣縮食者，此類客戶的價值感，以擁有房屋為生活穩定、結婚組成家庭的基本條件。而在收入扣除房貸支出後，所剩餘的資產既不能維持較好的生活水準，也沒有多餘錢可以當做退休後的準備。在此情況下，建議設計最適合之現金流量以盡量在其50歲以前把房貸提前還清。再以至少 10 年時間可以準備退休基金。

（4）孝子孝女型

係指一切只為兒女著想者，此類客戶宜提醒她們還是要留一點資金給自己退休養老用，並建議對子女以準備教育年金之方式對中長期績效表現較穩定之金融產品為購買之標的。

第七章　理財產品之行銷規劃

所謂理財規劃，即針對客戶之條件與需求規劃出一系列之資產與財務運用的計畫，以達到客戶理想的經濟目標。如將理財規劃視為商品係以滿足客戶潛在之需求，應可定義為無形化之商品，其行銷策略宜趨向信任（Trust）、銷售（Selling）、專業（Profession）、服務（Service）之四大原則進行規劃與設計。準此，理財規劃之基本設計，依上列原則之範圍設計可分為下列步驟：

1. 建立關係與溝通

　　其中包括建立友好、互信、可靠的人際關係，並了解客戶的夢想、價值觀、條件與需求等。

2. 分析客戶需求

　　包括分析滿足客戶需求與夢想的可行性，以及提供服務的可能性。

3. 爭取面談與推薦理財規劃

　　其中包括介紹理財規劃對達到客戶經濟需求與夢想的重要性，提供實際事證說明分析個人目前財務之資產與負債情形，對未來經濟需求的影響。

4. 財務規劃之安排與設計

在此階段當發現需求之產生（即發掘客戶之潛在需求），並正式進行財務運用的規劃與設計。在設計與進行解說的過程中，如能以電腦化之軟體設計之方式表現，更可加強其專業性與可信度。

5. 問題諮商與解決

其中包括在推薦與說明的過程中，客戶疑問的釐清，對客戶之猶豫以及決策障礙之解決等。

6. 售後服務

在此階段客戶已決定購買理財規劃，售後服務的執行非常重要，以表現永續經營以及服務至上。除隨時與客戶保持聯繫，使客戶在心理上產生安全感與信賴感外，服務的重點應加強主動協助理財規劃之執行，以及績效評估，並能提供專業知識與改善建議方案等。

PART V 金控公司現況分析篇

第八章 分析動機

在全球化的潮流下，國際間各金融機構之業務經營互相愈趨緊密，銀行、證券、保險之結合運作亦愈趨明顯。再者，美國、日本相繼於 90 年代後期正式取消金融跨業經營的限制，正式成立金融控股公司法之機制，以合法經營金控公司，掀起國際間金融機構之整併風潮。自 2001 年底，為強化國際競爭能力，國內亦正式完成金融控股公司設立之立法程序，並鼓勵台灣之金融企業走向大型化以及國際化，使其在國際市場上具競爭力。而其積極之功能在於使不良金融機構退場，促進金融機構合併並開放跨業以單一窗口之方式經營業務，進而服務客戶、增加效率、提昇競爭力。國內金控六法通過後，對於成立金控公司而言，如何改革組織，整併各項業務外，另一項重要的成敗關鍵即在於如何規劃有效之“整合式”之行銷策略以及通路，誠其為值得探討與分析之議題。

第九章　分析內容

基於上項訴求，作者於 2002 年期間曾指導實踐大學保險系學生（蔡學毅、王澤宏、王淑敏、高艾伶、李敏菁、周嘉蕙）等同學，僅就國內四家金控公司以及其個案，針對所觀察之行銷規劃，進行分析與探討。準此，僅就其分析重點摘錄如下，以供參考。

第一節　金控公司之介紹

目前台灣金控公司的整合模式，主要可以分成兩種：一種是針對業務性質有重複或相同的金融業者。例如，喬治亞人壽和安泰人壽的合併、以及大安銀行和台新銀行的合併，就是將相同業務的異質平台，整合成統一的系統。另外一種，則是針對擁有不同業務的金融業者，例如富邦金控、國泰金控等，通常會保留不同業務單位原有的系統，利用企業應用整合系統（EAI，Enterprise Application Integration）達到資訊互通的功能。

（1）富邦金融控股公司：是由富邦產物、富邦人壽、富邦銀行與富邦證券所組成。

（2）國泰金融控股公司：是由國泰人壽、匯通銀行、東泰產險、大和國泰證券與世華銀行所組成。

（3） 建華金融控股公司：是由華信銀行、建弘證券、金華信銀證券所組成。

（4） 第一金融控股公司：是由第一銀行與太祥證券所組成。

（5） 中國信託金控公司：是由中國信託商業銀行與自家的中信銀證券所組成。

（6） 新光金融控股公司：是由新光人壽、新光產險、第一證券與萬泰銀行所組成。

（7） 台新金融控股公司：是由台新銀行、大安銀行與台新票券所組成。

（8） 華南金融控股公司：是由華南銀行與永晶證券所組成。

（9） 復華金融控股公司：是由復華證金、復華證券與幸福人壽所組成。

（10） 日盛金融控股公司：是由寶島銀行與日盛證券所組成。

（11） 中華開發金控公司：是由中華開發與菁英證券所組成。

（12） 國票金融控股公司：是由國際票券與國票聯合證券所組成。

（13） 交銀金融控股公司：是由交通銀行與國際證券所組成。

當中以富邦金融控股公司的金融業務體系最為完整，產險居市場龍頭地位，證券業務坐二望一，證券市佔率居六家金控之冠。而總資產居六家金控之冠為華南金融控股公司

（1.2306兆元）。中國信託金控公司則是信用卡業務居國內龍頭地位。國泰金控則是壽險市場龍頭，總資產累計已達兆元以上（1.0902兆元），資金雄厚。

第二節　金控公司之發展

試舉四家金控公司為例，僅就其經營型態與特性分析如下：

一、國票金融控股公司

（一）國票金控識別標誌介紹

國票金控的企業標誌以環抱之雙弧線為設計基礎，象徵國票人心手相連、誠懇相待的態度，傳達出國票親切服務的品質；飛白的筆觸蒼勁有力，顯示國票注重效率的精神；而微向右傾的動感，展現了國票追求卓越、領先創新的企圖心。上下雙環緊密相扣、循環不已的設計理念，正代表了國票與客戶及社會大眾間密切互動、圓融和諧的關係，並肩攜手共創雙贏的成果。此外，雙C的造型是"Change for Challenge"的縮寫，正反映出國票勇於創新突破，挑戰未來的意念。 明亮的紅色代表國票人的熱忱與積極；沈穩的灰色則展現國票經營的穩健與踏實，而紅色與灰色的結合正是國票在穩定中求成長，內斂中綻光芒的最佳註解。

（二）國票金控的子公司與關係企業

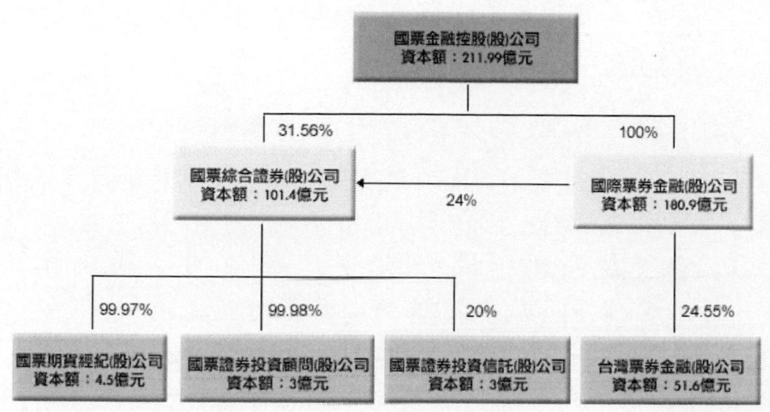

（三）國票金控之沿革

國際票券為因應經濟情勢與時代潮流，於民國九十一年三月廿六日正式與協和、大東兩家證券公司共同以股份轉換方式設立「國票金融控股公司」。為目前國內唯一由票券為金控主體的業者轉換設立成立的金控公司，亦是資產規模最少的金控公司，只有 300 多億元。

為擴大資本市場之佔有率與經營規模、降低營運成本、提昇經營效率及競爭力，旗下之三家證券公司，包括子公司協和證券與大東證券以及關係企業國票聯合證券於同年十月十八日進行三合一合併，成立「國票綜合證券」，為公司成為專業大型之投資銀行奠定良好勝基。

公司目前旗下之子公司橫跨貨幣市場及證券市場領域，提供顧客專業且多元化之投資銀行、證券以及資產管理各項商品及服務。

（四）國際票券金融公司介紹

公司係由中國國際商銀、台北銀行、合作金庫及工商界知名人士發起設立之票券金融公司，國際票券金融公司為國內第一家上市的票券金融公司， 股東人數眾多，所有權與經營權分立，為專業的金融機構。

所營事業以「直接金融」為業務主軸，過去二十年，對國內貨幣市場的成場與發展扮演重要的角色，歷年票債券成交量均在貨幣市場中排名第二位，營運穩健，獲利表現甚佳。依據中華金融學會九十年所作的票券業經營績效評比，國際票券無論在經營能力或獲利能力方面，表現均屬最佳，也最為穩健。

目前國際票券現計有台北總公司及高雄分公司、台中分公司、台南分公司、嘉義分公司、桃園分公司、板橋分公司、中山分公司、新竹分公司計九家總分支機構，在業務開拓及風險控管上並已建置「客戶關係管理系統」。

在未來發展方面，國際票券將朝向提升票債券之交易市佔率、積極培訓綜合理財專業人員、落實各項業務之風險控管機能持續努力經營。此外，國際票券對於金融商品之研究與發展更是不遺餘力，期能更上層樓，持續成為投資銀行業領域之領導者。

目前營業項目包括：

（1）短期票券之經紀自營業務
（2）擔任本票之簽證人
（3）擔任本票之承銷人
（4）擔任本票或匯票之保證人或背書人
（5）擔任金融機構同業拆款經紀人
（6）有關企業財務之諮詢服務工作
（7）在營業處所自行買賣政府債券業務
（8）經財政部核准辦理之其他有關業務

（五）國票綜合證券介紹

係由國票聯合證券、協和綜合證券與大東綜合證券於九十一年十月十八日共同合併成立。國票綜合證券定位為全國性之綜合券商，將秉持「專業、效率、活力」的經營理念，金融機構股東群整合資源與行銷，積極加速公司的大型化、多元化、集團化與國際化，並在承銷、自營、債券、期貨及衍生性金融商品之研發等綜合業務上積極擴展，朝向大型國際性的專業投資銀行邁進。

目前營業項目，包括：

（1）集中市場受託買賣有價證券
（2）在集中市場自行買賣有價證券
（3）營業處所受託買賣有價證券
（4）在營業處所自行買賣有價證券
（5）辦理有價證券買賣融資融券業務
（6）有價證券之承銷
（7）有價證券股務事項之代理
（8）兼營證券相關期貨業務
（9）其他經主管機關核准辦理之證券相關業務

（六）國票為何先尋找證券公司作為結合對象，而不是銀行業呢？

票券與證券業務具互補性，可兼顧長短期資金市場需求，形成投資銀行初步架構。先找證券公司主要為掌握設立時效以及未來的投資銀行路線，且銀行淨值不易評估，短時間內難以敲定轉換價格，因此先以證券業為共同轉換對象，待金控成立

後再尋求銀行加入。我們希望第二階段納入銀行，因為銀行所經營業務可提供金控公司金流平台。

（七）國票金控的經營理念

國票金融控股公司為國內第一家上市的票券金融公司，股東人數眾多，所有權與經營權分立，為專業的金融機構。所營事業以「直接金融」業務為主，素以「誠懇」、「效率」、「創新」自勉，提供工商大眾便捷安全的金融服務，並以宣導現代化財務規畫觀念，提昇整體金融效率為職志。為此，國票金融控股公司格外注重服務品質，借重資訊科技，致力提昇作業效率與內部控管，在穩健中追求成長，並與客戶共同創造雙贏的成果。

對內重視員工之培育，營造氣氛和諧、發揮所長的工作環境，期使員工與公司一起成長。國票金融控股公司為營利事業，除為股東謀取最大利益，並秉持「取之於社會、用之於社會」之精神，在協助國家經濟建設、調節資金供需之餘，對文教等公益活動亦將善盡企業的社會責任。

（八）國票金控之願景

國票的願景（vision）是秉持著「誠懇相待、講求效率、領先創新」的經營理念，成為直接金融的專業領導者，目標是成為大中華經濟圈的區域金融領導者。並且以穩健創新的經營，卓越的投資管理能力，滿足客戶之需求，增進股東投資效益以及實踐對員工的承諾。此外，本公司將以永續發展的經營理念，善盡企業回饋社會之責任，促進國家社會的經濟發展。

「直接金融」為國票金控長久以來的業務主軸。過去二十餘年，國際票券對國內貨幣市場的成長與發展扮演重要的角色。在面對金融自由化及金融生態的變遷下，將更深入的掌握瞬息萬變的市場、拓展業務範疇、強化資訊機能，以主動誠懇的態度爭取客戶的信賴，共同創造雙贏互利的成果。

（九）國票金控的核心業務

公司金融集團業務涵蓋票券、債券、證券、投信、投顧、期貨與創業投資等領域，為企業客戶及個人客戶量身打造最完整、最專業、最有效率的全方位金融服務。

（十）國票金控的競爭優勢

1. 票券與證券結合，貨幣市場與資本市場具互補功能

國票公司係由國際票券、協和證券及大東證券以百分之百股份轉換設立，其後協和證券、大東證券與關係

企業國票聯合證券合併成立資本額為101.4億元的國票綜合證券。國際票券加上國票綜合證券，主體為票券業與證券業之結合，橫跨資本市場債權與股權領域，行情多空恰為互補，在經營上有相輔相成之效。

2. 直接金融業務根基穩固，有利朝投資銀行方向發展

國票公司金融集團業務涵蓋票券、債券、證券、創業投資等領域，形成投資銀行之架構。未來再加上在企業融資、證券承銷、投資等方面可形成相輔相成之工具，可望順利達到共同行銷之最大效用，提升營運之競爭力。

3. 專業董事學經歷均佳，充分發揮監督制衡力量

公司董監事均為國內大型金融行庫，除提供資金及業務支援，為公司經營之堅強後盾外，所派代表人亦均深具金融學術素養，金融實務經驗豐富，且成功扮演金融救火隊角色。並引進外部獨立董監事，可對本公司管理階層提出建議與批評，並發揮制衡與監督之力量。

4. 資訊系統基礎架構完整，提昇共同行銷效益

公司之票券子公司已建立完整的客戶關係管理系統(CRM)，資訊建立架構完備，各子公司資訊系統整合後，將可共用與分享相關客戶資訊，迅速提昇行銷效益。

（十一）國票金控之行銷策略

由於國票金控目前尚未納入銀行體系，因此銀行業可銷售之信用卡業務、房貸業務、消金業務，均無法展開，再行銷通路方面的競爭力相較於同業即顯得薄弱，且交叉銷售之產品亦不如有銀行業之熱絡。因此，銀行是第二階段的考量。

國票金控定位以投資銀行為發展型態，資源集中在票券、證券、投信、投顧、期貨與創投等相關事業之投資，朝向投資銀行發展，期在瞬息萬變之金融環境中創造利基，發揮最大之綜效，並為股東創造最高利潤。

至於保險公司，亦是第二階段的考量，但是以產物保險為主，納入產險係因產險主要客戶以法人居多，與國票金控的投資銀行性質較為契合，產險正可提供客戶另一層次的服務，使金融集團產品多元化。

除持續擴大現有之經紀業務之市場佔有率外，並積極推動網路下單之機制，配合營業據點之擴增提供客戶更方便、快速及完整之全方位投資理財與諮詢之服務。未來將持續開拓海外市場業務，與美國、香港及中國大陸之券商建立良好之合作關係，提供全方位證券、金融專業的國際服務網。

完整的客戶關係管理系統(CRM)，將可共用與分享相關客戶資訊，迅速提昇行銷效益。

面對金融國際化趨勢，及新種金融商品的不斷推陳出新，國票金控不僅要提供高效率的服務，更要累積應對變局的實力。因此，國票金控的全體同仁，將以更先進的專業知識，落實於提昇作業效率、強化金融行銷、加強安全控管等各個層面。

（十二）國票金控發展策略可分為短中長期三個階段

短期：打造投資銀行業務之基礎架構，建立規章制度，整合子公司經營效益，達成資源分配最適化，並建構完整之投資與風險管理制度。

中期：納入創投、銀行、保險等其他核心金融事業，並與國外投資銀行策略聯盟，以健全整體集團經營體質。

長期：擴大直接金融版圖，建構完整之投資銀行架構，並發展成為大中華經濟區之區域金融集團。

二、日盛金融控股公司

日盛金融控股公司由日盛證券/日盛投信/日盛投顧/日盛期貨/日盛國際商業銀行/日盛嘉富國際/日盛保/網路證券/日盛國際控股/日盛國際資管/日盛教育基金會所組成。

日盛集團是一個群策群力的集團，各事業體系皆以獨立經營、財務自主、多元發展為前提，集結各事業體系資源共享、互動支援，呈現強大的資源優勢。更以凝聚集團與客戶的最大獲益為終極目標。業務範圍包含證券、投信、投顧、期貨、銀行、保全、租賃等。

（一）成立目的

為提供多元化之金融商品與服務，提昇競爭力，藉由跨業經營之子公司間之共同行銷，節省資源、發揮綜效，創造企業與客戶之價值。

（二）經營理念與策略

1. 秉持「獲利高」先於「規模大」之競爭策略

只重營收不重獲利之經營模式將遭市場淘汰，故為確保股東權益並達成公司永續經營之目標，未來目標將放在獲利及投資回收，進而再求規模之擴大。

2. 整合各項業務並提昇產品之附加價值

成立跨公司之功能性組織，將原有證券及銀行之相關產品及服務，透過跨業商品組合之設計及搭配，塑造強勢之共同品牌及品牌行銷，以金融全方位服務模式來提昇產品之附加價值及企業競爭力，進而達成業務及獲利穩定成長之目標。

3. 整合集團資訊資源

就跨業金融商品設計效率、資源共享成本及不同事業體支援效率等三種應用角度加以思考，建構完備之組織資源分工及應用系統，其整合及分工如下：

（1）商品研發資訊中心：專職支援商品研發之系統建立，可收集團在整合性商品之行系統建立之效率。

（2）資源共享資訊中心：採共享價值鍊活動，將共享之後勤服務系統，統一規劃及建置，即建立資源共享服務中心，以降低成本。

（3）業務電腦中心：保留原銀行及證券之資訊單位負責原商品交易資訊，如此可享有較高效率之客戶導向服務品質。

4. 進行組織再造，發揮金控功能

除總經理等正式編制外，將採取任務編組方式，建立跨公司、跨產品、跨服務、跨業別的「委員會」功能性組織，負責控股公司整體策略發展、形象建立、資產負債管理及業務發展等任務，以求整合效果得以迅速顯現。

5. 持續整合旗下企業

未來在策略考量下將逐漸整合集團其他關係企業，如投信、網路證券、租賃、創投及投顧等業務，使日盛金控之業務功能更加完整。

6. 建立法令遵循組織

建立嚴格之保密標準及高度之員工要求以保障客戶之資料安全，並透過行銷及通路委員會機制制訂交叉行銷準則，確保交叉行銷符合相關法令規定。

（三）組織與成員

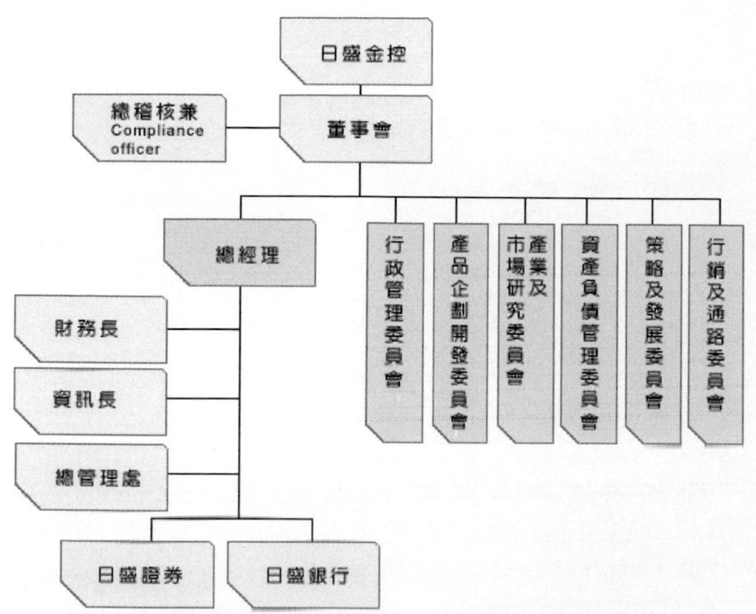

日盛證券1960年成立是台灣歷史最久的券商之一，1996年上櫃以來，經紀、承銷、債券、自營、衍生商品、國外等各項業務均衡發展。此外，積極研發創新金融商品，以掌握發展契機。集團總裁陳國和先生，秉持「專業」、「誠信」、「創新」三大經營法則，落實「穩健成長」的經營理念。除證券業外，並發展投顧、期貨、投信、銀行、租賃等領域，在金融業務的整合下，將以更豐富多元的「金融百貨」，築構成一個完整的金融集團。

日盛集團是一個群策群力的集團，各事業體系皆以獨立經營、財務自主、多元發展為前提，集結資源共享、互動支援，呈現強大的資源優勢。更以凝聚集團與客戶的最大獲益為終極目標。

（四）行銷策略

一家家規模龐大的金融控股公司出現，對消費者而言，除了投資的股票價格變化、銀行的名稱改變，自身權益也將產生變化。消費者將感受到愈來愈強大的銀行促銷攻勢，而且是以整合行銷的方式出現。過去銀行銷售金融商品，總是產品導向，向消費者推銷房貸、小額信貸、信用卡等個別商品；發展金控後，銀行的通路角色強化，不但銷售自家商品，也代理銷售金控旗下事業的商品，以完整的產品線，為顧客提供量身定作的套餐式服務。

1. 集中通路　銀行客戶雙贏

金控成立後，跨業交叉銷售是金控的重心，每家金控都希望從每個投資人身上賺到更多的錢，如同零售業所說「提高客單價」，是金控提供金融百貨商品的目的。一時間，小投資人會發現，每家金控旗下的銀行、證券、保險、期貨、投信等，都敞開雙臂、降低門檻，給小投資人更好的服務、更優惠的價格，而小投資人和同一家金控打交道的金額也增加。

透過交叉銷售，銀行的客戶成為產險的客戶，壽險保戶也是銀行的客戶，這些客戶和日盛金控打交道的層面變得更廣，日盛金控從每個客戶身上得到的利益也更多。

2. 交叉銷售　提高營運綜效

日盛金控執行長趙永飛指出，在積極加強跨售下，目前旗下證券與銀行的客戶重疊度已提高至 35%，以開發信用卡來說，證券部分一個月就幫銀行開發出 4 萬張的信用卡，卻沒有花費很多的廣告費，並因併入金控集團的子公司增加，可消費的金融商品日趨多元，因而信用卡的活卡率愈來愈高。

日盛金控個人金融委員會召集人蔡裕彬說，目前已有 98%員工取得保險代理人執照，在證券與銀行配置的理財規劃人員約 200 名，而證券的主交割銀行有一半已轉為日盛銀，距三分之二的年底目標已不遠。

由於金控旗下事業的成員，大多必須轉型為背負業績壓力的理財專員，當消費者面對推銷員般的行員，積極遊說購買不同的投資商品或辦理多張信用卡、現金卡時，尤其要注意自身的信用，是否會因此過度擴張。

3. 整合據點　節省人力物力

日盛金控認為，商品跨售的績效要產生，還有一段路要走，因而多數金控在跨售上的第一步，就是整合營業據點。跨業銷售的成績是金控成敗的關鍵，各家金控都已跨出第一步，透過據點及商品的整合，展現初步成效；下階段的決戰點將在各家金融創新的能力與跨業行銷部隊的素質。

4. 建立關係　議價空間大

日盛國際商業銀行會鼓勵客戶開立綜合理財帳戶，將存款、房貸、信用卡、股票、基金、水電代繳等功能整合在同一帳戶內，若客戶只使用其中之一，銀行也會想盡辦法提供其他服務。「顧客對銀行一般很難有忠誠度，但一旦有五種以上商品的往來，就很難走得了，」。

另一方面，隨著越來越多銀行調高起息點，或把服務重心移到貢獻度高的顧客身上，集中與單一銀行有深

入的往來，已成金控後消費者必須適應的模式。「金控就是金融百貨公司，提供琳瑯滿目的商品，讓消費者一次購足，並會給消費者資產配置的建議，教消費者如何購買該公司的產品。」

政大財管系主任李志宏說，跟銀行建立長期關係很重要，因為只要信用紀錄良好，顧客在手續費和利率上的議價空間將變得很大。舉例來說，與銀行保持長期而良好的往來關係，評估房貸條件時，銀行給的利率自然較優惠，甚至連股票下單、買賣基金的手續費，折扣成數也較大。日盛金控對旗下的日盛證券客戶，提供比一般客戶優惠的服務，如較低的房貸利率、申請專屬信用卡可享特殊優惠等。

不過，主動向銀行提出要求，仍是確保權益的不二法門。不少銀行主管都表示，由於金融市場競爭激烈，目前已形成消費者的買方市場，但不論是信用卡年費的減免，或房貸轉換與利率調降，仍須消費者主動向銀行爭取才行。

5. 量身打造　理財全方位

日盛金控旗下的日盛銀行副總葉漢章說，房貸是每個人一生中跟銀行往來金額最龐大的業務，因而這也是消費者跟銀行談判最好的籌碼。他建議，消費者不妨多比較房貸的實質利率（將開辦費、徵信費、代償費、帳管費等費用計入），及房貸利率結構（優惠或指標利率外的加碼級距大小），並弄清楚提前還款的違約金，是依撥貸金額、結清金額還是月付金比例計算。

越來越多金控開始整合運用旗下事業的客戶資訊，強化客戶關係管理系統，並透過理財顧問與顧客溝通，藉此掌握客戶的理財需求，進而提供量身定做的商品及服務。

由於金控旗下事業的成員，大多必須轉型為背負業績壓力的理財專員，當消費者面對推銷員般的行員，積極遊說購買不同的投資商品或辦理多張信用卡、現金卡時，尤其要注意自身的信用，是否會因此過度擴張。

以申請信用卡來說，一張普卡額度約 5 到 8 萬元，現在一個人申請五張以上卡片不稀奇，但對習慣刷卡的貸款族而言，負債很容易在不知不覺提高，加上高達 18%以上的循環息，負擔將很驚人。因此，葉漢章提醒，進入金控時代，民眾不能只有消費觀，也要有理財觀，如何降低資金運用的成本，提高資金運用的效益，把大錢拿去理財，小錢拿來消費，是很重要的觀念。

6. 貨比三家　特色列考量

當消費者逐漸將財務規劃及資金運作集中在一個金控集團後，「交往」越深，將來要脫離的代價也越大。因此，李志宏建議，在決定與那家金控深度「交往」前，最好先做一番比較。

該如何選擇可長期來往的金控呢？李志宏說，不妨從金控特色、產品吸引力、服務和人力資源等四方面考量。一般消費者最常比較的是利率和手續費，其實還要比較服務品質、專業度和產品的創新性。

消費者可比較的是在金控子公司共享顧客資料時，資料會否有外洩或盜用之虞，然而日盛金控對客戶隱私權的尊重及遵守個人資料有相當程度的保護措施。

一般而言，金控子公司共享的顧客資料，僅限於基本資料，如姓名、地址、電話等，不包括信用、交易等紀錄；且在交叉使用資料前，須徵得消費者的書面同意。因此，若消費者有顧慮或不想被垃圾廣告郵件「疲勞轟炸」，應主動向往來銀行表明拒絕共用資料的立場。

金控新時代來臨，消費者對金融商品的選擇機會大增，但也代表消費者必須更精明，才能透過金控跨業經營的特色，做好財富管理。

（五）日盛金控成員－日盛證券

日盛證券乃日盛金控的主體，其

1. 證券部份：

（1）業務項目

① 債券自營買賣斷業務(政府公債、公司債、金融債券)。

② 債券買賣斷經紀業務。

③ 債券附條件交易業務。

④ 公司債之規劃發行業務(普通、可轉換、公司債)。

⑤ 貨市、債市利率研究週報。

（2）債券發行受託人

日盛證券身為專業之債券發行受託人，將秉持「誠信」、「創新」、「服務」的精神，為您處理下列受託事務：

① 查核及監督公司履行公司債發行事項。

② 日盛證券對公司為發行公司債所設定之抵押權或質權，負責實行或保管。

③ 日盛證券得為公司債債權人之共同利害關係事項，召集同次公司債債權人會議並執行會議之決議事項。

④ 發行公司未如期還本付息或有其他違約情事時(包括違反公司債受託契約各項規定及主管機關核定事項)，日盛證券為保障公司債債權人利益，將即時採取有效之保全程序以保障債權人之權利。

（3）受託擔任保管銀行

日盛證券為因應金融市場發展擴大對證券投資事業之服務，受託擔任保管銀行，代為保管有價證券、投資資金、營業保證金等業務，提昇服務層面。此項業務並應按委託人分別設立專帳保管，獨立於日盛證券自有財產之外。

① 保管有價證券

包括各項短期票券、銀行定存單、政府債券、金融債券、公司債券、受益憑證股票等表彰權利之憑證或證書。

② 證券投資信託基金

凡經證券主管機關核准設立之證券投資事業或投資國內證券之外國專業投資機構，得為委託人向日盛證券的信託部申請辦理。本項保管業務包含：

A. 託人為證券投資事業者，其依法募集之證券投資信託基金。日盛證券的信託部受託保管證券投資信託基金，即依據證券交易法、證券投資信託事業管理規則、證券投資信託基金管理規則等有關法令，與證券投資信託事業簽訂證券投資信託契約。以善良管理人之注意，保管基金資產(包含基金之運用及處分等事項)。

B. 委託人為外國專業投資機構者，其投資國內證券而匯入之資金及運用該資金所投資之證券。

③營業保證金

即保管證券商及期貨經紀商等，向主管機關以現金、政府債券、銀行存單等繳存之保證金。並獨立於本行自有財產之外。

2. 投信部分

（1）營業項目

① 發行受益憑證募集證券投資信託基金。

② 運用證券投資信託基金從事證券及其相關商品之投資。

③ 其他經財政部證券管理委員會核准之有關業務。

（2）業務範圍

① 股票行基金

② 平衡型基金

③ 債券型基金

④ 投顧部分

在證券投資顧問業者群雄並起之際，投顧事業並非靠龐大資本額取勝，惟有憑藉著誠信、專業與績效，方能贏得投資人的信賴。展望未來，日盛投顧將繼續提供即時專業的研究資訊予投資大眾，使投資人得以在最低的風險下，獲致最大的報酬。除此之外，本公司亦將以積極行動配合政府發展資產管理事業，為我國資產管理市場之國際化全力以赴，以實踐使台灣成為亞太資產管理中心之理想。

其投顧業務項目：

1. 對有價證券投資相關事項提供專業的研究分析意見或建議。
2. 提供完善的投資評估及理財規劃。
3. 提供各項金融工具、國內外共同基金之投資諮詢與服務。
4. 利用網際網路提供全球投資人即時完整的產業、經濟及金融市場的資訊。
5. 其他經證管會核准之有關證券投資顧問業務。

（六）日盛金控成員－日盛國際商業銀行

民國七十九年財政部公布商業銀行設立標準後，發起人等乃結合志同道合之士共同 發起設立本行，並取名為「寶島商業銀行」。經過一段時期的籌備，於民國八十年八月獲財政部許可設立，民國八十一年四月九日正式開業。

業務發展需要及提升銀行形象，於民國九十年股東常會業經股東同意更名為「日盛國際商業銀行股份有限公司」，簡稱為「日盛銀行」，並自民國九十年十二月一日起正式更名。更為提高經濟規模，發揮綜合經營效益，於民國九十年股東臨時會決議通過與『日盛證券股份有限公司』以股份轉換方式共同新設『日盛金融控股股份有限公司』。

本行自開行以來，秉持「誠信、創新、服務」的經營理念，及穩健經營、主動積極、忠實負責、效率追求之工作精神，兢兢業業地辛勤耕耘，以期厚實本行經營實力。為了提供客戶最佳的服務，除傳統的銀行業務外，適時掌握景氣狀況及市場需求，重視新產品研發的創新策略，並採以顧客為導向的行銷策略，以期於穩健經營中，締造佳績。

在未來發展上，將朝綜合性多功能銀行發展，並持續擴大國內服務網及積極籌設於亞太地區建立海外據點，以利提昇本行涉外能力。同時加強研發，提供客戶各種避險、投資理財業務及現代化金融資訊服務，使本行成為專業、效率、國際化的銀行。

1. 行銷策略

除了傳統的銀行業務外，適時掌握景氣狀況及市場需求，重視新產品研發的創新策略，在未來的發展上，將朝綜合性多功能銀行發展，並持續擴大國內服務網及積極籌設建立海外據點，同時加強研發，提供客戶各種避險、投資理財業務及現代化金融資訊服務。

2. 業務項目

（1）房屋貸款業務(購屋貸款)

（2）基金業務

（3）信用卡業務

（4）信託業務

① 票簽證業務

② 險金信託

（5）外匯業務

（6）投資理財業務

（七）日盛國際控股公司

1. 成立目的

市場有趨於國際化和自由話的趨勢，因此為了提供客戶國際金融商品的服務而成立。

2. 業務項目

（1）經紀－海外客戶買賣台灣股票經紀業務。台灣客戶買賣海外證券業務,包括香港、泰國、大陸B股、馬來西亞、韓國及歐美地區股票。

（2）承銷及公司理財－海外上市的諮詢顧問、輔導海外上市案、參與主協辦分銷案。

（3）新金融商品－海外掛牌的新金融商品,其中包括認購(售)權證券、海外可轉換公司債(ECB)等。依客戶所需,量身製作各類新金融商品。

（八）日盛金控　結論

金控歷經一年的摸索期後，以證券、銀行為主體的日盛金控認知到，龐大的客戶資源是最好的作戰利器，而為提高自家金控的競爭力及核心價值，借助「外」力則將是重要策略。

多家金控不約而同將明年的企業策略，定位為國際化。明年，可望有金控與國際金融集團的合作案產生，推動台灣金融市場進入新紀元。不容諱言的是，金控的同質化，將削弱金控產業的整體競爭力。現在金控高階主管每天絞盡腦汁在思考的，就是如何異軍突起，以在同質性高的金控競局中，讓客戶保持往來實績及忠誠度，進而表現在獲利績效上。

三、富邦金融控股公司

（一）富邦金融控股之沿革

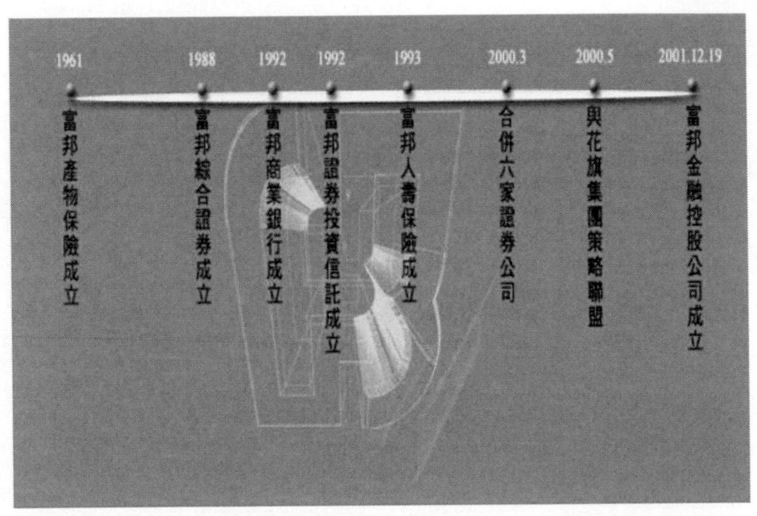

（二）金控成立之目的

1. 商品服務整合行銷。
2. 降低成本提昇效率。
3. 資產有效運用管理。

（三）行銷策略

富邦金控透過整合旗下的產險、壽險、銀行、證券及資產管理，總資產額四千五百零九億。將可提供更完整、更優質、有適合大眾需要的金融全產品。對客戶提

供有效的服務。對國家整體經濟發展有所貢獻。

金融機構未來生態，將是不斷走向大型化，也是透過不斷合併與併購，發展為大型的綜合金融體系。然而，創新的策略，必需來自受過專業訓練的專業人員；故富邦集團對各關係企業團隊員工之教育訓練非常重視，也不惜投入重資設立教育訓練中心，並開辦各種金融專業課程，以落實金融全方位服務的經營理念。

因「保險」、「金融」、「投資」三合一的整合行銷策略，富邦金融控股公司將再造企業奇蹟，迎接新紀元、成就大未來。

（四）公司主要產品

1. 壽險
2. 產險(汽機車險)
3. 證券(股票基金)
4. 銀行業務(信用卡)
5. 理財規劃
6. 節稅規劃

（五）教育訓練計劃

1. 制式教育課程程訓

登錄輔導班、精兵基礎班、NBA銷售進階班、業務主管訓練班。專業課程路訓—年金保險行銷研習班、集團商品研習營、金融理財學院、潛能開發營。

2. 實戰經驗培訓

到府服務、D.S.、店頭市場、職場開拓—課程需要和實地訓練緊密配合，除了學習所有專業性知識外更須學習應用實際經驗，培訓期間，將由主管或資深的從業人員實地培訓帶領，進行銷售的工作，處理行銷時所面臨的問題或觀察表現的優缺點，藉此了解如何應用課程上所學習到的知識，加強業務人員的行銷能力。

（六）業務制度：

1. 落實直轄精神發展單立組織架構，進而成立營業處的優質團隊
2. 重視組織增員活動，強調回饋利益
3. 晉升：管道通暢，成長空間無限寬廣
4. 提供：
   （1）合理報酬
   （2）晉升機會
   （3）個人成長
   （4）專業前途
   （5）工作價值的理想終身事業
   （6）朝大型化、專業化、國際化的經營目標、拓展金融版圖。

其實，富邦很早就開始整合商品與行銷通路，在成立金控後，更是大力擴展交叉行銷的規模，並修改部分制度，如將跨售商品計入業績考核，業務人員不再只是把跨售商品當成一項收入來源，背後的廣大客戶基礎其實更具價值。

其中，店頭行銷在所有整合行銷通路中異軍突起，目前約四分之一的業務單位採取店頭行銷方式，並含括三分之一的整體業績量，金融商品包括產險、壽險、信用卡及貸款等。

（七）新人必修的店頭實戰

富邦人壽經理認為，店頭行銷是磨練業務人員特性的最好方法，他要新人在報到的第一天就實際參與店頭行銷。「當遇到不會辦信用卡、不懂產險？沒關係！等你找到客戶後，再來問我怎麼辦。」

以一個沒有業務經驗的新進業務人員來說，透過店頭行銷每個月可達成15件壽險、20張信用卡、5件汽機車強制險或個人綜合居家平安險。跨售商品可占保費收入的二成，不但收入穩定，客源基礎又龐大，新人的定著率自然就高。因此，店頭行銷是新人的必修課程，且交叉行銷最大的效益就在於聚沙成塔。

而跨售商品則是最佳工具，能讓客戶基礎變大，大約三個月到半年的時間，就可以累積 3000 個客戶，所以其成交價值是無法限量的。該如何進行呢？

1. 決定駐點—人潮、客層

店頭行銷的第一步，是覓得好的駐點，在挑選駐點位置時，看先考慮的是人潮，像是大賣場、夜市、商家騎樓往來的人潮眾多，最適合設置攤位。

不過，時間也是影響人潮多寡的因素之一，白天大的都在上班，因此以賣場的效果較好，晚上則要經過評估，因為根據長期觀察，通常星期一晚上街上人潮較少，所以如果選在星期一晚上人潮相對較多的地方，則其他天數的人潮會更為增加。

2. 店頭行銷駐點成效評估：

駐點/評估條件	大賣場	商家騎樓	夜市
保費	***	**	*
件數	*	**	***
不受天氣影響	***	*	*

除此之外，以上這些地點的客層不同，像大賣場的客層通常比較年長，消費行為多屬理性，因此成交成件數較低，但成交金額及契約品質則較高，夜市則正好相反，年輕族多，一個駐點一個月的成交件數可達 200 件，但金額就較低了。

3. 三十秒內引起客戶注意

店頭行銷必須講究新鮮感，所以從產品包裝到人員、駐點互換都要費盡巧思、發揮創意，才能讓客戶在最短的時間內感受到產品。

至於在業務人員的行銷技巧上，則發展一套吸引客戶的話術，就是所謂的「333 行動」——即至少陪客戶走三步、說三句話，讓客戶願意停下腳步來再聽三分鐘，順利的話可以在三十分鐘內成交。要在三十秒之內引起客戶的注意，最好就是用跨售商品結合專案的方式，比如說「辦信用卡可申請保險…」「請參考我們的理財專案…」「填問卷就送你精美禮物，還可以參加抽獎…」先吸引客戶停下腳步，願意坐下來聽聽商品說明，若客戶沒興趣也不要緊，只要留下資料，下次還有機會再跟他聯絡。

要開拓陌生客戶，可以利用跨售商品導入壽險，雖然年輕業務人員的人際關係不夠廣闊，不過仍在開放性市場中，以信用卡或產險導入，因為辦卡免年費，又有贈品，還可幫忙辦理汽機車險，客戶一般都很能接受，如再順勢切入儲蓄理財、基金投資等專案，成交機率就會大大提高了。

4. 客戶追蹤動作不可少

店頭行銷不一定都能當場成交，所以對客戶的事後追蹤管理是非常重要。交叉行銷最後將以資料庫管理決一勝負，誰能掌握的客戶愈多，誰就能勝出。

舉例：一個業務人員的真實案例:原本是向陌生客戶推薦信用卡，但是因為對方未滿二十歲，於是便建議他請父親辦信卡，再申請附卡，而父親因為覺得這位業務人員的服務不錯，同時發現除了信用卡之外，還有多種商品可以選擇，最後成交的保費竟超過 300 萬，不但有居家綜合服務險，就連贈與稅都規劃了。讓這個業務人員真正賺大錢的是壽險這部分，但若不是透過跨售，就不會有這樣的機會。

所以持續追蹤客戶名單、不定時寄送DM、找機會電話聯絡等，做好客戶資料管理，長時間下來，客戶就會愈來愈多。

5. 單一品牌行銷是成功關鍵

富邦店頭行銷之所以能成功的原因，除了行銷方式每每創新之外，具有良好的品牌印象、領域認同，才能建立客戶對金融商品的信賴，尤其壽險業務人員面對的是必須主動出擊的大眾，如果什麼商品都賣，但品牌各異，客戶很難真正放心。富邦旗下包括保險、基金、證券等所有子公司，早在十年前就開始走單一名品牌行銷，已在客戶心中建立深刻的品牌形象，這對行銷而言可說是一大優勢。

目前富邦金控跨售商品的比重逐漸攀高。以壽險商品為例，有 20%業績來自關係企業的跨售、信用卡有一成。投信基金約四成，但單以債券型基金看，來自關係企業跨售的比重高達七成。

雖大部分的金控公司標榜業務整合，一次滿足所有需求，但要做到這麼便捷的服務，其實難度頗高，且目前尚有未盡之處。而富邦金控稱得上是證券與銀行結合勉能最完整的一個，不僅可以證券、銀行一次開戶，且設有證券櫃台、專員、電視牆，就好像把迷你號子搬進銀行一樣，民眾可以直接進行交易。

由此得知，隨著金控法的通過，國內金融單位為因應經營環境的變化及跨產業經營模式之現況，必須針對未來可能之競爭與規模，規劃出清晰的因應策略及解決方案，才能使金融機構得以提供綜合性服務來擴張業務銷售面，且提升客戶滿意度、讓客戶進行更多交易、及吸引更多新客戶！

四、國泰金融控股公司

（一）創立起源

過去國內金融機構遭遇的問題無非是過度競爭、業務拓展受限、逾放比高、規模太小，造成獲利下滑，金控法的原意就是希望解決這些問題。

隨著金融產業多元化與全球化的發展，以及國內金融機構購併、整合法源之制定，國泰金融控股股份有限公司於民國九十年十二月三十一日正式成立，登記額定資本額新台幣一千二百億元。

而整併後，金控公司將可有效節省成本，享受交叉銷售的優點，這些對金融機構體質的調整都相當正面。大型而健全的金控公司，不但具有規模經濟、交叉銷售和資本運用效率等優勢，更有吸引「客戶板塊」從競爭者轉移過來的品牌優勢。藉由遍佈全省之營業據點與銷售人員，發展共同行銷（cross-selling）的策略，提供客戶一站購足（one-stop shopping）的服務。

（二）營運策略

只要有小的銀行被市場淘汰，就是金融業的利多。未來最具競爭力的金控公司應該是一個結合包括企業、消費金融及投資銀行功能的極大化公司。而走出國內市場，能與外資結合、具台商人脈的金融公司，將是下一波大陸全面開放金融市場的受惠者。

在金控整合的大勢下，金融機構忙著合併、結盟，並為追求獲，提高各通路銷售人員的配額，配售商品也日趨多樣化。

以下是金控公司的營運策略：

1. 整合各子公司資源，提供全方位的金融服務，使客戶享受到一站購足的優質服務。
2. 開發符合客戶需求的整合型金融商品，成為客戶投資理財最貼心的夥伴。

3. 持續提昇資訊系統，對外滿足客戶即時資訊需求；對內提高決策支援、經營管理、業務資訊、風險控管與稽核作業的自動化程度。
4. 不斷強化員工專業能力與工作滿足程度，以提供客戶最高品質的金融服務。
5. 追求整合經營的綜效，藉以降低成本，回饋客戶與股東。
6. 累積優質的品牌形象，成為客戶心目中最值得信賴與託付的金控公司。

（三）競爭優勢

為建立消費者心目中金融服務的領導品牌形象，今年四月加入國泰金控的子公司匯通銀行與東泰產險，分別在同年七、八月正式更名為國泰銀行、國泰產險。希望以『國泰人壽』的高知名度與品牌形象，及關係企業『國泰建設』、『國泰醫院』的優良社會形象，統一企業識別，來加深消費者的認同感，發揮子公司交叉行銷的綜效。

國泰金控子公司國泰人壽為台灣地區壽險業第一品牌，據點覆蓋率為全國金融機構之冠，有效契約市場佔有率第一名，且有龐大的客戶基礎與豐富的業務團隊管理經驗。建置衛星遠距教育頻道（CSN），收訊範圍涵蓋台灣、大陸東南省份。

國泰銀行在消費金融業務成長率表現亮麗，而國泰金控加上世華銀行的總發卡量已達約二百三十萬張，市占率躍升國內第三大，其中國泰銀行一百七十五萬張信用卡中，約有九十八萬張發卡量是由國壽通路創造，此也是金控交叉行銷的重要績效。在汽車貸、房屋貸款業務方面亦大幅成長，各項服務品質均大幅提升。

象徵國泰金融集團邁入金融服務百貨化的第一個旗艦型「全方位理財中心」，九月十日於台北正式開幕。以最現代化的配備及最舒適的金融交易環境，並綜合國泰金融集團旗下國泰人壽、銀行、產險等產品服務，除了銀行現在的存匯、貸款及基金、信託等理財服務，亦設置壽險及產險櫃檯，提供壽、產險相關服務。一次滿足客戶多樣化需求，提供客戶倍受尊寵禮遇的全方位理財服務。

國泰產險成長迅速，已蟬連二屆「最佳保險專業獎」。車險理賠及損害防阻榮獲ISO9001認證，擁有卓越的專業商品設計能力，可以提供客戶全方位產險保障服務。而以國泰人壽為主體的國泰金控，八月十二日宣布以一股國泰金控換一．六股世華銀行的換股比例，於十一月二十六日正式合併。

這項國內金融史上最大的合併案，使國泰金控市值成為台灣最大、亞太地區（除澳紐、日本之外）第四大的金融機構。而總客戶也達到一千兩百萬名，（世華銀行三百五十萬名客戶加國泰金控八百五十萬名客戶），佔了台灣半數人口，可說台灣每兩個人，就有一個是國泰金控的客戶。

（四）霖園集團

1. 國泰產險

民國 91 年 4 月 22 日，正式加入「國泰金控」，與國泰人壽、國泰銀行同為金控的一員，透過集團資源整合，提供客戶一次購足金融商品的便利以及專業個人理財的服務。同年的八月二日，由原來的「東泰產物保險股份有限公司」正式更名為「國泰世紀產物保險股份有限公司」，簡稱「國泰產險」。使公司在現有基礎下，強化集團企業的整體形象、建立優勢領導品牌。

2. 國泰銀行

歷經了第一信託改制匯通銀行的千錘百鍊，自民國九十一年七月三日起更名為國泰銀行，再次邁入歷史的新里程碑。本行自成立以來，即以不斷求新、創新的精神，推陳出新的金

融業務，擠身台灣金融業的巨擘之列。

在民國九十一年四月二十二日，本行為了集團整合行銷，創造更大的獲利，正式加入國泰金融控股有限公司，並於民國九十一年七月三日正式更名為「國泰銀行」。秉持著「生於斯，長於斯」的本土化經營理念，國泰銀行將如同其商標充滿旺盛生命力，孕育滋養萬物的「霖園」的大樹般，永遠生生不息，往下紮根，向上成長。

3. 世華銀行

於六十四年五月二十日創立，開業迄今已二十七年。目前在國內外共有九十二個營業單位、二千四百位行員、資本額新台幣三百九十七億元。依據九十一年七月份銀行家雜誌（The Banker）報導，於九十年全世界銀行業第一類資本排名第 215 名、總資產排名第 272 名；在國內排名方面，本行淨值排名第八名、總資產排名第十名。

4. 國泰投信

國泰投信由國內財務最健全的民營企業-霖園集團集資設立。主要營業項目為：

(1) 發行受益憑證募集證券投資信託基金。
(2) 運用證券投資信託基金從事證券及相關商品之投資。
(3) 接受客戶全權委託投資事業。
(4) 其他經財政部證券暨期貨管理委員會核准之有關業務。

5. 國泰建設

國泰建設股份有限公司成立於民國五十三年九月十四日，係國內資本雄厚業績優良之建設公司，亦是建築界第一家股票上市公司。同時亦為享有盛名之霖園集團重要成員之一。

6. 國泰綜合醫院

國泰綜合醫院是霖園關係企業本著『關懷社會，服務社會』的精神，所創設的財團法人醫院，旨在謀求社會健康福祉。民國六十六年開幕，即在台大醫學院以及台大醫院的全力支持下，建立建教合作關係至今，因此也奠定了本院發展的良好基礎。

7. 國泰慈善基金會

國泰慈養基金會於民國六十九年九月成立，本著為回饋社會造福人群，促進社會祥和美滿。

8. 國泰文教基金會

財團法人國泰建設文教基金會成立於民國七十一年十二月二十七日。創辦人蔡萬霖董事長一直秉持著『取之於社會，用之於社會』的經營理念，並奉行不渝。

9. 神坊資訊

神坊資訊股份有限公司，係由霖園集團轉投資。結合了 HP 的硬體建置、Cisco 領先業界的網路傳輸設備、和 Sun-Microsystem 專業先進的控管中心，打造出能確切保障客戶資料 7 天 24 小時運作的 IDC 網路資料中心。透過台北、台中、及高雄三地市中心國際級高安全係數的網路資料中心，以及環島光纖骨幹，提供中小企業主安全、穩定的企業網路完整解決方案。

結論

未來大家要思考的是如何投資理財，理財不是在發大財，而是在追求美滿幸福、有保障的生活。

金控銷售人員就不能為業績而賣金融商品，須以客戶需求為最大依歸，金控高層和銷售大軍都須改變自己的經營理念、行銷觀念，提升銷售大軍的財富管理才能、知能、道德才是最重要的。

第三節　金融控股公司的行銷策略

僅依上列四家金控公司之發展特性分析，可略歸納其行銷策略架構如下：

一、金融控股公司優劣分析

優點：

1. 成立金融控股公司最大優點在於資源共享及成本的節省。藉由不同的子公司的客戶資料共享，將有助於建立完整的客戶屬性資料庫，對日後銷售集團產品可以提供相當多的潛在客戶群做交叉行銷。
2. 利用成立金融控股公司整合集團作業平台。藉由金融控股公司，可整合子公司前段、中段、後段業務平台，成為單一服務窗口，也就是說單一業務員可同時銷售基金、股票、保險、債券等，達到提供客戶完整服務外，也可以在成本節省上亦將有助益。
3. 最重要的就是提供一次購足（one stop shopping）服務。因控股公司旗下各公司總類繁多及齊全的金融商品，能提供顧客〝一次購足〞的滿足與服務，可有效提高客戶忠誠度；再者旗下公司皆為獨立法人，一但個別公司營運不佳，可藉由出售或資產處分等方式減輕對整體金融版圖的傷害，已提高金融控股公司的營運效益。

缺點：

1. 旗下子公司設立初期，在資訊設備整合等方面恐將因機器種類不同及資訊軟體不同容，而有相當成本的支出。
2. 依金融控股公司法第五十六條規定，控股公司有協助子公司回復正常營運之義務。在此強制實施下，控股公司一旦納入體質較差的金融機構，亦可能使集團整體營運風險增高。
3. 金控公司在股權管理、業務營運、資訊公告、風險管理上，都先必須將旗下公司的資訊整合起來，否則比單一公司暴露更大的風險。
4. 金融控股公司及其子公司的從業人員，從事其他子公司之業務執行或商品銷售時，應具備該業務所須之特定資格條件或證照，會增加公司之教育成本。

二、創新產品整合行銷為致勝契機

台灣流行一窩蜂，金融市場也不例外，目前有 13 家金控公司，加入這個戰局，讓市場很快陷入激烈的淘汰賽，因此各家金控無非卯足全力，想盡辦法抓住市場的目光，獲得最後的勝利。先前已將相同類型的金控加以比較，我在將行銷通路、產品線、客戶的需求，因應競爭不可或缺條件做一個大方向的說明。

1. 行銷通路為勝利的最重要條件

　　統一超商能成為全國最大的零售商立於不敗之地就是由於它們擁有廣大的銷售據點，超過三千家以上的家數，遍佈全國各地，總部通知要上架任何商品就有三千的據點可以銷售，形成廣大的銷售網，可以賺取超額的報酬。

　　金控公司也相同，有的還未成立金控前，是保險公司、有的是商業銀行、投資銀行、有的是證券公司、有的是票券公司，像是以保險利基有國泰、富邦及新光金控，它們最大的通路在於人，由於先前的業務員都有上萬人之多，每一個都是它們的通路也遍佈全省是它們最大的利基，而像是國泰金就有客戶就右一千萬之譜；以商業銀行為主體者有，華南、中信、建華、台新、玉山、第一銀。產品行銷透過各分行據點及網路下單是其他金控所不及的，也是一般人較能接受的通路。

交銀本為一家工業銀行，在於通路上可能較為缺乏據點。但是，先爭取國際票券，在納中興票券，積極卡位擴張版圖。讓他原本資本額不大的金控公司成為國泰金的次大金控公司。中華開發銀行是投資銀行，通路也比其它家銀行來的少，但傳統工業銀行也有其地位。

另外，以證券為主力的有復華、日盛金控，對於投資股票的大眾也可在一次行銷。無論如何誰的金融版圖越大，在這次金融戰爭就越容易勝出。

2. 產品線的競爭

金控子事業有強有弱，但緊密連結後，可突破以往金融分業的藩籬，提供「一次購足、一站到底」的全方位金融服務。此時產品的完整性，就是金控通路佈局後的賽事。

成立金控後跨業銷售是金控以後最主要發展的重點，各子公司商品一性質不同，分為專賣、協賣、通賣。例如銀行的存款業務為銀行所專賣；人壽推出保單、信用卡等商品，由各子公司協賣或通賣。而獎金則由該產品的主導單位所訂定，對每個子公司成員的獎勵一視同仁。所以現在銷售平台的第一線銷售員可以清楚看到自己銷售的商品及業績表現。

多元化的產品才能與競爭者一較高下。例如中信金是信用卡的第一品牌，不僅要持續鞏固既有的領導地位，也不容競爭者雷池，近來在財富管理市場上發展也和花旗銀行有較勁的滋味。

金控公司要如何發展？最重要的是有自己的商品市場區隔，及提供商品能幫助客戶節省成本和有不錯的獲利表現。因為，不論是哪家金控所規劃的商品，包含了基金、股票、債券、外匯交易保險、信託、信用卡、現金卡、房貸、金融衍生性商品等結合理財型帳戶提供多元化的服務。

金融商品變化十分的快速，一家金控提出有競爭的商品，如果市場熱賣，其它家也會推出更好商品或更優渥折扣的條件來吸引客戶。接下來將是短兵相接、戰火綿綿，誰能讓消費者享有更多、更大的便利，誰就能在市場勝出。

3. 必須以客戶需求為導向

現在都市的人生活忙碌，較無暇管理自己的財富，成立金控後投資理財就可省下一些麻煩，例如以前要投資或存款或消費，必須要開好幾個帳戶，每天在交易很多人都不知道自己有多少存款，自己的資產有多少。

現在很多家金控，改開投資理財型帳戶，這個帳戶有房貸、現金卡、存款等功能，透過帳戶來買賣股票，還可以把股票交易代收付銀行；如果現金不足時，又可動用預借現金及時提供資助；要投資基金或股票也可以電子下單，透過這個帳戶就可清楚知道目前自己的財富的狀況，又不用急著跑銀行，手續費又有折扣。

一通電話或上網就可以清楚看到自己投資的狀況，省去時間又不會有多個帳戶無法有效管理，提供各便利，銀行也可以鎖住客戶賺取更多的手續費打造雙贏局面。例如國泰銀行有 818 理財帳戶，可以保單貸款、U-Life 低利率現金卡、購買基金有折扣、繳交罰款、及電信費等。以國泰成立金控人壽與銀行做結合的例子，與世華銀聯合推出債券連動商品，結合國泰世紀產險附加住宅保險優惠，比其它銀行提供更多的附加價值。

透過交叉銷售，銀行的客戶成為壽險的客戶，壽險的客戶也是銀行的客戶，讓銷售層面更廣。國泰金控從每一客戶中得到更多；富邦也有理財型帳戶，又將它們客戶資產分 30 萬以上及 300 萬以上的資產的客戶提供不同需求設計的金融商品來滿足客戶需求；而日盛金控對旗下日盛證券客戶，提供比一般客戶優惠的服務如較低的房貸、申請信用卡可有較高的額度等。

三、金融百貨化理財服務全方位

一家家規模龐大的金融控股公司出現，對消費者而言，除了投資的股票價格變化、銀行的名稱改變，自身權益也將產生變化。此時，消費者將感受到越來越強大的銀行促銷攻勢，且是以整合行銷的方式出現。

1. 金融商品百貨化服務

過去銀行銷售商金融品，總是以商品導向，像消費者推銷房貸、小額信貸、信用卡等個別商品。發展金控後，銀行的通路角色強化，不但銷售自家商品，也代理銷售金控旗下事業產品，已完整的產品線，為客戶提供量身定做的套餐式服務。

「金控就是金融百貨公司」，提供琳瑯滿目的商品，讓你一次購足，並給你資產做配置，教你如何購買該公司商品。越來越多金控開始整合運用旗下事業的客戶資訊，強化客戶關係管理系統，並透過理財顧問與客戶溝通，藉此掌握客戶理財需求，進而提供量身定做的商品及服務。

2. 選擇可長期來往的金控

選擇可長期來往的金控，不妨從金控特色、產品的吸引力、服務和人力資源等四方面考量。

一般消費者最常比較是利率和手續費，其實還要比較服務品質、專業度和產品的創新性。國泰金控副總李長庚認為，一個好的金控，首先具備提供百貨化金融服務功能；其次由於顧客將資金集中在一集團內，且多數理財計劃是長期合約。金控能否穩健經營、財務是否健全，對消費者也很重要。

此外，金控能否提供高品質且專業的加值服務都是考量的重點，也是金控能吸收更大客戶來源。

3. 金融理財中心成為兵家必爭之地

跨業銷售後各家金控紛紛成立理財貴賓室，比豪華、比舒適、還比親切，想拉攏客戶的心。

什麼是理財貴賓中心呢？它就是成立金控後跨業行銷及交叉行銷最好的代表，就是將旗下產業的商品依照你的需求為你提供最完善的服務。如依照因人而異的理財需求，理財人員會引導到不同的服務專區，可分下列幾種：

(1) 專人服務導覽(一般收付、匯款、股票交割、證券下單、匯兌)。
(2) 櫃檯作業區（基金下單、理財規劃)。
(3) 自動化服務區（ATM、補摺、存款)。
(4) E-Commerce(網路下單、看盤、淨值查詢)。
(5) 證券服務櫃檯（證券開戶)。
(6) 貸款服務櫃檯(受理各種貸款需求)。

（7）保險服務櫃檯（受理保險理財、節稅規劃）

（8）等候區。提升整合銷售。

4. 金控新時代來臨

讓上門的客戶獲得需要的服務並感到貼切，是各家金控需要發掘更多整合，將通路、產品、客戶的特色抓住，是因應競爭不可缺少的條件。

結論

縱論全文，從認識無形化商品，從事無形化商品行銷規劃的基本原則，設計金融商品整合行銷的重要論點，一直到如何有效培訓全方位的理財行銷高手，以及提供日前國內金控公司行銷策略發展之分析，皆為讀者提供有系統的瞭解金融商品整合行銷之理念。然而，本書卻有其限制，無法針對各項主題進行更深入的分析與探討，其主要原因係作者希望想致力於無形化行銷事業的讀者，能先對金控行銷的內涵與特質有著基本的認識，並提供行銷規劃的架構以類似導論之型式藉此激發有志者的興趣，至於各項細節面的討論，就請待續…。

附錄一

金融控股公司法

90/07/09 總統華總一義字第九〇〇〇一三四九二〇號令公布

第一章　總則

第一條　為發揮金融機構綜合經營效益，強化金融跨業經營之合併監理，促進金融市場健全發展，並維護公共利益，特制定本法。

第二條　金融控股公司之設立、管理及監督，依本法之規定；本法未規定者，依其他法律之規定。

非屬公司組織之銀行，依本法規定辦理轉換或分割時，準用公司法股份有限公司之相關規定。

第三條　本法之主管機關為銀行法之主管機關。

第四條　本法用詞定義如下：

一、控制性持股：指持有一銀行、保險公司或證券商已發行有表決權股份總數或資本總額超過百分之二十五，或直接、間接選任或指派一銀行、保險公司或證券商過半數之董事。

二、金融控股公司：指對一銀行、保險公司或證券商有控制性持股，並依本法設立之公司。

三、金融機構：指下列之銀行、保險公司及證券商：

(一)銀行：指銀行法所稱之銀行與票券金融公司及其他經主管機關指定之機構。

(二)保險公司：指依保險法以股份有限公司組織設立之保險業。

(三)證券商：指綜合經營證券承銷、自營及經紀業務之證券商，與經營證券金融業務之證券金融公司。

四、子公司：指下列公司：

(一)銀行子公司：指金融控股公司有控制性持股之銀行。

(二)保險子公司：指金融控股公司有控制性持股之保險公司。

(三)證券子公司：指金融控股公司有控制性持股之證券商。

(四)金融控股公司持有已發行有表決權股份總數或資本總額超過百分之五十，或其過半數之董事由金融控股公司直接、間接選任或指派之其他公司。

五、轉換：指營業讓與及股份轉換。

六、外國金融控股公司：指依外國法律組織登記，並對一銀行、保險公司或證券商有控制性持股之公司。

七、同一人：指同一自然人或同一法人。

八、同一關係人：指本人、配偶、二親等以內之血親及以本人或配偶為負責人之企業。

九、關係企業：指適用公司法第三百六十九條之一至第三百六十九條之三、第三百六十九條之九及第三百六十九條之十一規定之企業。

十、大股東：指持有金融控股公司或其子公司已發行有表決權股份總數或資本總額百分之十以上者；大股東為自然人時，其配偶及未成年子女之持股數應一併計入本人之持股計算。

第五條　計算同一人或同一關係人持有金融控股公司、銀行、保險公司或證券商之股份或資本額時，應連同下列各款持有之股份或資本額一併計入：

一、同一人或同一關係人之關係企業持有者。

二、第三人為同一人或同一關係人持有者。

三、第三人為同一人或同一關係人之關係企業持有者。

前項持有股份或資本額之計算，不包含下列各款情形所持有之股份或資本額：

一、證券商於承銷有價證券期間所取得，且於證券主管機關規定期間內處分之股份。

二、金融機構因承受擔保品所取得，且自取得日起未滿四年之股份或資本額。

三、因繼承或遺贈所取得，且自繼承或受贈日起未滿二年之股份或資本額。

第六條　同一人或同一關係人對一銀行、保險公司或證券商有控制性持股者，除政府持股及為處理問題金融機構之需要，經主管機關核准者外，應向主管機關申請許可設立金融控股公司。

前項所定之同一人或同一關係人，未同時持有銀行、保險公司或證券商二業別以上之股份或資本額，或有控制性持股之銀行、保險公司或證

券商之資產總額未達一定金額以上者，得不設立金融控股公司。

前項所定之一定金額，由主管機關另定之。

第七條　前條所定之同一關係人向主管機關申請許可設立金融控股公司時，應由對各金融機構之投資總額最高者，代表申請，並應共同設立。

非屬同一關係人，各持有一銀行、保險公司或證券商已發行有表決權股份總數或資本總額超過百分之二十五者，應由投資總額最高者申請設立金融控股公司。

前項投資總額有二人以上相同者，應報請主管機關核定由其中一人申請設立金融控股公司。

第八條　設立金融控股公司者，應提出申請書，載明下列各款事項，報請主管機關許可：

一、公司名稱。

二、公司章程。

三、資本總額。

四、公司及其子公司所在地。

五、子公司事業類別、名稱及持股比例。

六、營業、財務及投資計畫。
七、預定總經理、副總經理及協理之資格證明文件。
八、辦理營業讓與或股份轉換應具備之書件及計畫書；計畫書應包括對債權人與客戶權益之保障及對受僱人權益之處理等重要事項。
九、發起設立者，發起人之資格證明文件。
十、其他經主管機關指定之書件。

前項第九款之規定，於金融機構轉換為金融控股公司或金融控股公司之子公司者，不適用之。

第九條　主管機關為前條許可設立金融控股公司時，應審酌下列條件：

一、財務業務之健全性及經營管理之能力。
二、資本適足性。
三、對金融市場競爭程度及增進公共利益之影響。

主管機關對於金融控股公司之設立構成公平交易法第六條之事業結合行為，應經行政院公平交易委員會許可；其審查辦法，由行政院公平交易委員會會同主管機關訂定。

第十條　金融控股公司之組織，以股份有限公司為限。除經主管機關許可者外，其股票應公開發行。

第十一條　金融控股公司應於其名稱中標明金融控股公司之字樣。

非金融控股公司，不得使用金融控股公司之名稱或易於使人誤認其為金融控股公司之名稱。

第十二條　金融控股公司之最低實收資本額，由主管機關定之。

第十三條　金融控股公司經許可設立者，應於辦妥公司登記後，向主管機關申請核發營業執照，並繳納執照費。金融機構轉換為金融控股公司者，其申請核發營業執照，以轉換後之資本淨增加部分為計算基礎繳納執照費；其費額，由主管機關定之。

第十四條　金融控股公司設立後，對於第八條第一項第一款至第四款申報之事項擬予變更者，應報經主管機關許可，並辦理公司變更登記及申請換發營業執照。

第十五條　金融控股公司得持有子公司已發行全部股份或資本總額，不受公司法第二條第一項第四款及第一百二十八條第一項有關股份有限公司股東與發起人人數之限制。
該子公司之股東會職權由董事會行使，不適用公司法有關股東會之規定。

前項子公司之董事及監察人，由金融控股公司指派。金融控股公司之董事及監察人，得為第一項子公司之董事及監察人。

第十六條　金融機構轉換為金融控股公司時，同一人或同一關係人持有金融控股公司有表決權股份總數超過百分之十者，應向主管機關申報。
金融控股公司設立後，同一人或同一關係人擬持有該金融控股公司有表決權股份總數超過百分之十者，應事先向主管機關申請核准，或通知金融控股公司，由該公司報經主管機關核准。同一人或同一關係人擬持有金融控股公司有表決權股份總數超過百分之二十五、百分之五十或百分之七十五者，亦同。

前項同一人或同一關係人之適格條件，由主管機關以準則定之。

第一項所規定之同一人或同一關係人，與前項之適格條件不符者，得

繼續持有該公司股份，但不得增加持股。

主管機關自第二項之申請書送達次日起十五日內，未表示反對者，視為已核准。

未經主管機關依第二項規定核准而持有金融控股公司之股份者，主管機關得限制其超過許可持股部份之表決權。

持有有表決權股份總數超過百分之十之同一人或同一關係人應於每月五日前，將上月份持股之變動情形通知金融控股公司；金融控股公司應於每月十五日前，彙總向主管機關或主管機關指定之機構申報並公告之。

前項股票經設定質權者，出質人應即通知金融控股公司。但不得設定質權予其子公司。金融控股公司應於其質權設定後五日內，將其出質情形，向主管機關或主管機關指定之機構申報，並公告之。

第十七條　金融控股公司之發起人、負責人範圍及其應具備之資格條件準則，由主管機關定之。

金融控股公司負責人因投資關

係，得兼任子公司職務，不受證券交易法第五十一條規定之限制；其兼任辦法，由主管機關定之。

金融控股公司負責人及職員不得以任何名義，向該公司或其子公司之交易對象或客戶收受佣金、酬金或其他不當利益。

第十八條　金融控股公司經主管機關許可者，得與下列公司為合併、概括讓與或概括承受，並準用金融機構合併法第六條、第八條、第九條及第十六條至第十八條之規定：

一、金融控股公司。

二、具有第四條第一款之控制性持股，並符合第九條第一項規定條件之既存公司。

前項第二款之既存公司，其業務範圍有逾越第三十六條或第三十七條之規定者，主管機關為許可時，應限期命其調整。

第十九條　金融控股公司有下列情形之一，且金融控股公司或其銀行子公司、保險子公司或證券子公司發生財務或業務狀況顯著惡化，不

能支付其債務或調整後淨值為負數，經主管機關認為有緊急處理之必要，對金融市場公平競爭無重大不利影響者，免依公平交易法第十一條第一項規定向行政院公平交易委員會申請許可：

一、與前條第一項第一款或第二款之公司為合併、概括讓與、概括承受者。

二、同一人或同一關係人持有其有表決權股份達三分之一以上者。

三、由金融機構轉換設立者。

第二十條　金融控股公司經股東會決議解散者，應申敘理由，附具股東會會議紀錄、清償債務計畫、子公司或投資事業之處分期限及處理計畫，報經主管機關核准後，依公司法進行清算。

金融控股公司進行特別清算時，法院為監督該公司之特別清算，應徵詢主管機關之意見；必要時，得請主管機關推薦清算人或派員協助清算人執行職務。

金融控股公司進行清算後，非經清償全部債務，不得以任何名義退還股本或分配股利。

第二十一條　金融控股公司設立後，對其銀行子公司、保險子公司或證券子公司喪失第四條第一款規定之控制性持股者，主管機關應限期命其改正；屆期未改正者，廢止其許可。

第二十二條　金融控股公司經主管機關核准解散或廢止許可者，應於主管機關規定期限內繳銷營業執照，不得再使用金融控股公司之名稱，並應辦理公司變更登記。

前項營業執照屆期不繳銷者，由主管機關公告註銷。

第二十三條　外國金融控股公司符合下列各款規定，經主管機關許可者，得不在國內另新設金融控股公司：

一、符合第九條第一項有關金融控股公司設立之審酌條件。

二、已具有以金融控股公司方式經營管理之經驗，且信譽卓著。

三、其母國金融主管機關同意該外國金融控股公司在我國境內投資持有子公司，並與我國合作分擔金融合併監督管理義務。

四、其母國金融主管機關及該外國金融控股公司之總機構對我國境內子公司具有合併監督管理能力。

五、該外國金融控股公司之總機構在我國境內指定有訴訟及非訴訟之代理人。

外國金融機構在其母國已有跨業經營業務者得比照前項之規定。

第二章　轉換及分割

第二十四條　金融機構經主管機關許可者，得依營業讓與之方式轉換為金融控股公司。

前項所稱營業讓與，指金融機構經其股東會決議，讓與全部營業及主要資產負債予他公司，以所讓與之資產負債淨值為對價，繳足承購他公司發行新股所需股款，並於取得發行新股時轉換為金融控股公司，同時他公司轉換為其子公司之行為；其辦理依下列各款之規定：

一、金融機構股東會決議方法、少數股東收買股份請求權、收買股份之價格及股份收買請求權之失效，準用公司法第一百八十五條至第一百八十八條之規定。

二、公司法第一百五十六條第二項、第六項、第一百六十三條第二項、第二百六十七條第一項至第三項、第二百七十二條及證券交易法第二十二條之一第一項之規定，不適用之。

三、債權讓與之通知，得以公告方式代之；他公司承擔債務時，免經債權人之承認，不適用民法第二百九十七條及第三百零一條之規定。

他公司為新設公司者，金融機構之股東會會議視為他公司之發起人會議，得同時選舉他公司之董事、監察人，亦不適用公司法第一百二十八條至第一百三十九條、第一百四十一條至第一百五十五條之規定。

前項規定，就金融機構於本法施行前已召集之股東會，亦適用之。

他公司轉換為金融控股公司之子公司時，各目的事業主管機關得逕發營業執照，不適用銀行法、保險法及證券交易法有關銀行、保險公司及證券商設立之規定。

金融機構依第二項第一款買回之股份，自買回之日起六個月內未賣出者，金融機構得經董事會三分之二以上出席及出席董事超過二分之一同意後，辦理變更章程及註銷股份登記，不受公司法第二百七十七條規定之限制。

第二十五條　金融機構依前條規定辦理營業讓與時，他公司為既存公司者，該金融機構與該他公司之董事會應作成讓與契約；他公司為新設公司者，該金融機構之董事會應作成讓與決議；並均應提出於股東會。

前項讓與契約或讓與決議應記載下列事項，於發送股東會之召集通知時，一併發送各股東，並準用公司法第一百七十二條第四項但書之規定：

一、既存公司章程需變更事項或新設公司章程。

二、既存公司發行新股或新設公司發行股份之總數、種類及數量。

三、金融機構讓與既存公司或新設公司之全部營業及主要資產負債之種類及數額。

四、對金融機構股東配發之股份不滿一股應支付現金者，其有關規定。

五、召開股東會決議之預定日期。

六、營業讓與基準日。

七、金融機構於營業讓與基準日前發放股利者，其股利發放限額。

八、讓與契約應記載金融機構原任董事及監察人於營業讓與時任期未屆滿者，繼續其任期至屆滿之有關事項；讓與決議應記載新設公司之董事及監察人名冊。

九、與他金融機構共同為營業讓與設立金融控股公司者，讓與決議應記載其共同讓與有關事項。

第二十六條　金融機構經主管機關許可者，得依股份轉換之方式轉換為金融控股公司之子公司。

前項所稱股份轉換，指金融機構經其股東會決議，讓與全部已發行股份予預定之金融控股公司作為對價，以繳足原金融機構股東承購金融控股公司所發行之新股或發起設立所需股款之行為；其辦理依下列各款之規定：

一、金融機構股東會之決議，應有代表已發行股份總數三分之二以上股東之出席，以出席股東過半數表決權之同意行之。預定之金融控股公司為既存公司者，亦同。

二、金融機構異議股東之股份收買請求權，準用公司法第三百十七條第一項後段及第二項之規定。

三、公司法第一百五十六條第一項、第二項、第六項、第一百六十三條第二項、第一百九十七條第一項及第二百二十七條、第二百六

十七條第一項至第三項、第二百七十二條、證券交易法第二十二條之一第一項、第二十二條之二及第二十六條之規定，不適用之。

他公司為新設公司者，金融機構之股東會會議視為預定金融控股公司之發起人會議，得同時選舉金融控股公司之董事、監察人，亦不適用公司法第一百二十八條至第一百三十九條、第一百四十一條至第一百五十五條及第一百六十三條第二項規定。

前項規定，就金融機構於本法施行前已召集之股東會，亦適用之。

公開發行股票之公司，出席股東之股份總數不足第二項第一款定額者，得以有代表已發行股份總數過半數股東之出席，出席股東表決權三分之二以上之同意行之。但章程有較高之規定者，從其規定。

金融控股公司經主管機關許可設立後，其全數董事或監察人於選任當時所持有記名股票之股份總額不足證券管理機關依證券交易法第二十六條第二項所定董事、監察人股權成數者，應由全數董事或監察人於就任後一個月內補足之。

金融機構依第二項第二款買回之股份，自買回之日起六個月內未賣出者，金融機構得經董事會三分之二以上出席及出席董事超過二分之一同意後，辦理變更章程及註銷股份登記，不受公司法第二百七十七條規定之限制。

第二十七條　金融機構與他公司依前條規定辦理股份轉換時，預定之金融控股公司為既存公司者，該金融機構與該既存公司之董事會應作成轉換契約；預定之金融控股公司為新設公司者，該金融機構之董事會應作成轉換決議；並均應提出於股東會。

前項轉換契約或轉換決議應記載下列事項，於發送股東會之召集通知時，一併發送各股東，並準用公司法第一百七十二條第四項但書之規定：

一、既存公司章程需變更事項或新設公司章程。

二、既存公司發行新股或新設公司發行股份之總數、種類及數量。

三、金融機構股東轉讓予既存公司或新設公司之股份總數、種類及數量。

四、對金融機構股東配發之股份不滿一股應支付現金者，其有關規定。

五、召開股東會決議之預定日期。

六、股份轉換基準日。

七、金融機構於股份轉換基準日前發放股利者，其股利發放限額。

八、轉換契約應記載金融機構原任董事及監察人於股份轉換時任期未屆滿者，繼續其任期至屆滿之有關事項；轉換決議應記載新設公司之董事及監察人名冊。

九、與他金融機構共同為股份轉換設立金融控股公司者，轉換決議應記載其共同轉換股份有關事項。

第二十八條　金融機構經主管機關許可轉換為金融控股公司或其子公司者，依下列規定辦理：

一、辦理所有不動產、應登記之動產、各項擔保物權及智慧財產權之變更登記時，得憑主管機關證明逕行辦理，免繳納登記規費；辦理公司登記時，其公司設立登記費，以轉換後之資本淨增加部分為計算基礎繳納公司設立登記費。

二、原供金融機構直接使用之土地隨同移轉時，經依土地稅法審核確定其現值後，即予辦理土地所有權移轉登記，其應繳納之土地增值稅准予記存，由繼受公司於轉換行為完成後之該項土地再移轉時一併繳納之；其破產或解散時，經記存之土地增值稅，應優先受償。

三、因營業讓與所產生之印花稅、契稅、所得稅、營業稅及證券交易稅，一律免徵。

四、因股份轉換所產生之所得稅及證券交易稅，一律免徵。

第二十九條 轉換為金融控股公司之金融機構，應以百分之百之股份轉換之。

前項轉換為金融控股公司之金融機構為上市（櫃）公司者，於股份轉換基準日終止上市（櫃），並由該金融控股公司上市（櫃）。

金融機構轉換為金融控股公司後，金融控股公司除其董事、監察人應依第二十六條第六項規定辦理外，並應符合證券交易法及公司法有關規定。

依本法規定轉換完成後，金融控股公司之銀行子公司、保險子公司及

證券子公司原為公開發行公司者，除本法另有規定外，仍應準用證券交易法有關公開發行之規定。

第三十條　金融控股公司為子公司業務而發行新股或依公司法第二百三十五條第二項員工依章程規定得分配之紅利，金融控股公司之該子公司員工得承購或受分配金融控股公司之股份，並準用公司法第二百六十七條第一項、第二項、第四項至第六項規定。

第三十一條　金融機構辦理轉換為金融控股公司時，原投資事業成為金融控股公司之投資事業者，其組織或股權之調整，得準用第二十四條至第二十八條規定。

依前項規定轉換而持有金融控股公司之股份者，得於三年內轉讓所持有股份予金融控股公司或其子公司之員工，或準用證券交易法第二十八條之二第一項第二款作為股權轉換之用，或於證券集中市場或證券商營業處所賣出，不受第三十八條規定之限制。屆期未轉讓或未賣出者，視為金融控股公司未發行股份，並應辦理變更登記。

金融機構辦理股份轉換時，預定之金融控股公司為既存公司者，該既存公司之投資事業準用前二項規定。

第三十二條　金融控股公司之子公司吸收合併其持有百分之九十以上已發行股份之他公司，得作成合併契約，經各公司董事會以三分之二以上董事出席及出席董事過半數之決議行之，不適用公司法第三百十六條股東會決議之規定。

董事會為前項決議後，應於十日內公告決議內容及合併契約書應記載事項，並指定三十日以上期限，聲明股東得於期限內提出異議。

表示異議之股東，得請求各公司按當時公平價格收買其持有之股份，並應自前項聲明異議期限屆滿之日起二十日內，提出記載股份種類及數額之書面為之。

前項異議股東與公司間協議決定股份之價格及股份收買請求權之失效，準用公司法第一百八十七條第二項、第三項及第一百八十八條規定。

第三十三條　金融控股公司之子公司經股東會決議讓與其部分之營業或財產予

既存公司或新設公司，以繳足該子公司（以下稱被分割公司）或其股東承購既存公司發行新股或新設公司發行股份所需股款進行公司分割者，應依下列各款規定辦理：

一、被分割公司以分割之營業或財產承購既存公司發行新股所需股款時，不適用公司法第二百七十二條之規定。

二、被分割公司於分割決議後十日內應公告分割決議之內容，並指定三十日以上之一定期間為異議期間。被分割公司不為公告或對於在指定期間內提出異議之債權人不提供相當之擔保者，不得以其分割對抗債權人。

他公司為新設公司者，被分割公司之股東會會議視為他公司之發起人會議。

第一項公司分割屬讓與主要部分之營業或財產者，準用公司法第一百八十五條至第一百八十八條之規定。

第三十四條　被分割公司與他子公司依前條規定辦理公司分割時，他子公司為既存公司者，被分割公司與他子公司之董事會應作成分割契約；他子公司為新設公司者，被分割公司董事會應作成分割決議；並均應提出於股東會。

前項分割契約或分割決議應記載下列事項，並於發送股東會之召集通知時，一併發送各股東：

一、承受營業之既存公司章程需變更事項或新設公司章程。

二、承受營業之既存公司發行新股或新設公司發行股份之總數、種類及數量。

三、被分割公司或其股東所取得股份之總數、種類及數量。

四、對被分割公司或其股東配發之股份不滿一股應支付現金者，其有關規定。

五、承受被分割公司權利義務之相關事項。

六、被分割公司債權人、客戶權益之保障及被分割公司受僱人權益之處理事項。

七、被分割公司之資本減少時，其資本減少有關事項。

八、被分割公司之股份銷除或股份合併時，其股份銷除或股份合併所需辦理事項。

九、分割基準日。

十、被分割公司於分割基準日前發放股利者，其股利發放限額。

十一、承受營業之新設公司之董事及監察人名冊。

十二、與他公司共同為公司分割而新設公司者，分割決議應記載其共同為公司分割有關事項。

第三十五條　分割後受讓業務之公司，除被分割業務所生之債務與分割前公司之債務為可分者外，就分割前公司所負債務於受讓業務出資之財產範圍內負連帶清償責任。但其連帶責任請求權自分割基準日起算二年內不行使而消滅。

第三章　業務及財務

第三十六條　金融控股公司應確保其子公司業務之健全經營，其業務以投資及對被投資事業之管理為限。

金融控股公司得投資之事業如下：

一、銀行業。

二、票券金融業。

三、信用卡業。

四、信託業。

五、保險業。

六、證券業。

七、期貨業。

八、創業投資事業。

九、經主管機關核准投資之外國金融機構。

十、其他經主管機關認定與金融業務相關之事業。

前項第一款稱銀行業，包括商業銀行、專業銀行及信託投資公司；第五款稱保險業，包括財產保險業、人身保險業、再保險公司、保險代理人及經紀人；第六款稱證券業，包括證券商、證券投資信託事業、證券投資顧問事業及證券金融事業；第七款稱期貨業，包括期貨商、槓桿交易商、期貨信託事業、期貨經理事業及期貨顧問事業。

金融控股公司投資第二項第一款至第八款之事業，或第九款及第十款之事業時，主管機關自申請書件送達之次日起，分別於十五日內或三十日內未表示反對者，視為已核准。但於上述期間內，金融控股公司不得進行所申請之投資行為。

因設立金融控股公司而致其子公司業務或投資逾越法令規定範圍者，主管機關應限期令其調整。

前項調整期限最長為三年。必要時，得申請延長二次，每次以二年為限。

金融控股公司之負責人或職員不得擔任該公司之創業投資事業所投資事業之經理人。

銀行轉換設立為金融控股公司後，銀行之投資應由金融控股公司為之。

銀行於金融控股公司設立前所投資之事業，經主管機關核准者，得繼續持有該事業股份。但投資額度不得增加。

第八項及前項但書規定，於依銀行法得投資生產事業之專業銀行，不適用之。

第三十七條　金融控股公司得向主管機關申請核准投資前條第二項所定事業以外之其他事業。但不得參與該事業之經營。

金融控股公司申請投資前項其他事業時，主管機關自申請書件送達之次日起三十日內，未表示反對者，視為已核准。但於上述期間內，金融控股公司不得進行所申請之投資行為。

金融控股公司對第一項其他事業之投資金額，不得超過該被投資事業已發行股份總數或實收資本總額百分之五；其投資總額，不得超過金融控股公司實收資本總額百分之十五。

第三十八條　金融控股公司之子公司或子公司持有已發行有表決權股份總數百分之二十以上或控制性持股之投資事業，不得持有金融控股公司之股份。

第三十九條　金融控股公司之短期資金運用，以下列各款項目為限：

一、存款或信託資金。

二、購買政府債券或金融債券。

三、購買國庫券或銀行可轉讓定期存單。

四、購買經主管機關規定一定評等等級以上之銀行保證、承兌或經一定等級以上信用評等之商業票據。

五、購買其他經主管機關核准與前四款有關之金融商品。

金融控股公司投資不動產，應事先經主管機關核准，並以自用為限。

金融控股公司得發行公司債，不適用公司法第二百四十九條第二款及第二百五十條第二款規定之限制；其發行條件、期限及其他應遵行事項之辦法，由主管機關定之。

第四十條　金融控股公司以合併基礎計算之資本適足性比率、衡量範圍及計算辦法，由主管機關定之。

金融控股公司之實際資本適足性比率低於前項辦法之規定者，主管機關得命其增資、限制其分配盈餘、停止或限制其投資、限制其發給董事、監察人酬勞或為其他必要之處置或限制；其辦法，由主管機關定之。

第四十一條　為健全金融控股公司之財務結構，主管機關於必要時，得就金融控股公司之各項財務比率，定其上限或下限。

金融控股公司之實際各項財務比率，未符合主管機關依前項規定所定上限或下限者，主管機關得命其增資、限制其分配盈餘、停止或限制其投資、限制其發給董事、監察人酬勞或為其他必要之處置或限制；其辦法，由主管機關定之。

第四十二條　金融控股公司及其子公司對於客戶個人資料、往來交易資料及其他相關資料，除其他法律或主管機關另有規定者外，應保守秘密。

主管機關得令金融控股公司及其子公司就前項應保守秘密之資料訂定相關之書面保密措施，並以公告、網際網路或主管機關指定之方式，揭露保密措施之重要事項。

第四十三條　金融控股公司與其子公司及各子公司間業務或交易行為、共同業務推廣行為、資訊交互運用或共用營業設備或營業場所之方式，不得有損害其客戶權益之行為。

前項業務或交易行為、共同業務推廣行為、資訊交互運用或共用營業設備或營業場所之方式，應由各相關同業公會共同訂定自律規範，報經主管機關核定後實施。

前項自律規範，不得有限制競爭或不公平競爭之情事。

第四十四條　金融控股公司之銀行子公司及保險子公司對下列之人辦理授信時，不得為無擔保授信；為擔保授信時，準用銀行法第三十三條規定：

一、該金融控股公司之負責人及大股東。

二、該金融控股公司之負責人及大股東為獨資、合夥經營之事業，或擔任負責人之企業，或為代表人之團體。

三、有半數以上董事與金融控股公司或其子公司相同之公司。

四、該金融控股公司之子公司與該子公司負責人及大股東。

第四十五條　金融控股公司或其子公司與下列對象為授信以外之交易時，其條件不得優於其他同類對象，並應經公司三分之二以上董事出席及出席董事四分之三以上之決議後為之：

一、該金融控股公司與其負責人及大股東。

二、該金融控股公司之負責人及大股東為獨資、合夥經營之事業，或擔任負責人之企業，或為代表人之團體。

三、該金融控股公司之關係企業與其負責人及大股東。

四、該金融控股公司之銀行子公司、保險子公司、證券子公司及該等子公司負責人。

前項稱授信以外之交易，指下列交易行為之一者：

一、投資或購買前項各款對象為發行人之有價證券。

二、購買前項各款對象之不動產或其他資產。

三、出售有價證券、不動產或其他資產予前項各款對象。

四、與前項各款對象簽訂給付金錢或提供勞務之契約。

五、前項各款對象擔任金融控股公司或其子公司之代理人、經紀人或提供其他收取佣金或費用之服務行為。

六、與前項各款對象有利害關係之第三人進行交易或與第三人進行有前項各款對象參與之交易。

前項第一款及第三款之有價證券不包括銀行子公司發行之可轉讓定期存單在內。

金融控股公司之銀行子公司與第一項各款對象為第二項之交易時，其與單一關係人交易金額不得超過銀行子公司淨值之百分之十，與所有利害關係人之交易總額不得超過銀行子公司淨值之百分之二十。

第四十六條　金融控股公司所有子公司對同一人、同一關係人或同一關係企業為授信、背書或其他交易行為之加計總額或比率，應於每營業年度第二季及第四季終了一個月內，向主管機關申報並以公告、網際網路或主管機關指定之方式予以揭露。

前項所稱其他交易行為，依前條第二項之規定。

第四十七條　金融控股公司每屆營業年度終了，應合併編製財務報表、年報及營業報告書，並將上述所有文件與盈餘分配或虧損撥補之決議及其他經主管機關指定之事項，於股東會承認後十五日內，報請主管機關備查。年報應記載事項，由主管機關定之。

金融控股公司應將前項財務報表中之資產負債表、損益表、股東權益變動表、現金流量表及其他經主管機關指定之事項，於其所在地之日報或依主管機關指定之方式公告。但已符合證券交易法第三十六條規定者，得免辦理公告。

第一項財務報表中之資產負債表、損益表、股東權益變動表及現金流量表，應經會計師查核簽證。

金融機構轉換為金融控股公司者，其未分配盈餘於轉換後，雖列為金融控股公司之資本公積，惟其分派不受公司法第二百四十一條第一項之限制。

轉換設立之金融控股公司金融機構於轉換前已發行特別股者，該特別股股東之權利義務於轉換後，由金融控股公司承受，金融控股公司於轉換年度，得依董事會編造之表冊，經監察人查核後分派股息，不適用公司法第二百二十八條至第二百三十一條之規定。

金融機構轉換設立金融控股公司者，不適用職工福利金條例第二條第一項第一款之規定。

第四十八條　金融控股公司之銀行子公司及其他子公司進行共同行銷時，其營業場所及人員應予區分，並明確標示之。但該銀行子公司之人員符合從事其他子公司之業務或商品所應具備之資格條件者，不在此限。

金融控股公司之銀行子公司及其他子公司經營業務或商品時，應向客戶揭露該業務之重要內容及交易風險，並註明該業務或商品有無受存款保險之保障。

第四十九條　金融控股公司持有本國子公司股份，達已發行股份總數百分之九十者，得自其持有期間在一個課稅年度內滿十二個月之年度起，選擇以金融控股公司為納稅義務人，依所得稅法相關規定合併辦理營利事業所得稅結算申報及未分配盈餘加徵百分之十營利事業所得稅申報；其他有關稅務事項，應由金融控股公司及本國子公司分別辦理。

第五十條　金融控股公司與其子公司相互間、金融控股公司或其子公司與國內、外其他個人、營利事業或教育、文化、公益、慈善機關或團體相互間，有關收入、成本、費用及損益之攤計，有以不合交易常規之安排，規避或減少納稅義務者；或有藉由股權之收購、財產之轉移或其他虛偽之安排，不當為他人或自己規避或減少納稅義務者；稽徵機關為正確計算相關納稅義務人之所得額及應納稅額，得報經主管機關核准，按交易常規或依查得資料予以調整。但金融控股公司與其持有達已發行股份總數百分之九十之本國子公司間之交易，不適用之。

金融控股公司或其子公司經稽徵機關依前項規定調整其所得額及應納稅額者，當年度不得適用前條合併申報營利事業所得稅之規定。

第四章　監督

第五十一條　金融控股公司應建立內部控制及稽核制度；其辦法，由主管機關定之。

第五十二條　為確保金融控股公司及其子公司之健全經營，主管機關得令金融控股公司及其子公司於限期內提供相關財務報表、交易資訊或其他有關資料，並得隨時派員，或

委託適當機構，檢查金融控股公司或其子公司之業務、財務及其他有關事項。

主管機關於必要時，得指定專門職業及技術人員為前項檢查事項，並向主管機關據實提出報告；除其他法律另有規定外，所需費用由金融控股公司負擔。

第五十三條 金融控股公司之銀行子公司、保險子公司或證券子公司所受之增資處分，金融控股公司應於持股比例範圍內為其籌募資金。

金融控股公司之累積虧損逾實收資本額三分之一者，應即召開董事會，並通知監察人列席後，將董事會決議事項、財務報表、虧損原因及改善計畫函報主管機關。

金融控股公司有前項情形時，主管機關得限期令其補足資本。

金融控股公司為辦理前項之補足資本，報經主管機關核准者，得以含當年度虧損之累積虧損，於當年度中辦理減少資本及銷除股份，並就所減資本額辦理現金增資，以補足所銷除之股份。

第五十四條　金融控股公司有違反法令、章程或有礙健全經營之虞時，主管機關除得予以糾正、限期令其改善外，並得視情節之輕重，為下列處分：

一、撤銷法定會議之決議。

二、停止其子公司一部或全部業務。

三、令其解除經理人或職員之職務。

四、解除董事、監察人職務或停止其於一定期間內執行職務。

五、令其處分持有子公司之股份。

六、廢止許可。

七、其他必要之處置。

依前項第四款解除董事、監察人職務時，由主管機關通知經濟部廢止其董事或監察人登記。

依第一項第六款廢止許可時，主管機關應令該金融控股公司於一定期限內處分其對銀行、保險公司或證券商持有之已發行有表決權股份或資本額及直接、間接選任或指派之董事人數至不符第四條第一款規定，並令其不得再使用金融控股公司之名稱及辦理公司變更登記；未於期限內處分完成者，應令其進行解散及清算。

第五十五條　金融控股公司之投資事業，如有顯著危及銀行子公司、保險子公司或證券子公司之健全經營之虞者，主管機關得令金融控股公司於一定期間內處分所持有該投資事業之股份，或令金融控股公司降低其對銀行子公司、保險子公司或證券子公司持有之已發行有表決權股份或資本額及直接、間接選任或指派之董事人數至不符第四條第一款規定，並準用前條第三項規定辦理。

前項逾期未處分之股份，主管機關得依行政執行法第二十七條規定，委由第三人代為處分，或指定第三人強制代為管理至金融控股公司處分完畢為止；其費用，由金融控股公司負擔。

第五十六條　金融控股公司之銀行子公司、保險子公司或證券子公司未達主管機關規定之最低資本適足性比率或發生業務或財務狀況顯著惡化，不能支付其債務或有損及存款人利益之虞時，金融控股公司應協助其回復正常營運。

銀行子公司、保險子公司或證券子公司有前項情形者，主管機關為確保公共利益或穩定金融市場之必要，得令金融控股公司履行前項之義務，或於一定期間內處分該金融控股公司持有其他投資事業之一部或全部之股份、營業或資產，所得款項，應用於改善銀行子公司、保險子公司或證券子公司之財務狀況。

第五章　罰則

第五十七條　金融控股公司之負責人或職員，意圖為自己或第三人不法之利益，或損害金融控股公司之利益，而為違背其職務之行為，致生損害於公司財產或其他利益者，處三年以上十年以下有期徒刑，得併科新臺幣一億元以下罰金。

金融控股公司負責人或職員二人以上共同實施前項犯罪行為者，得加重其刑至二分之一。

第一項之未遂犯罰之。

第五十八條　金融控股公司之銀行子公司或保險子公司對第四十四條各款所列之人為無擔保授信，或為擔保授信而無十足擔保或其條件優於其他同類授信對象者，其行為負責

人，處三年以下有期徒刑、拘役或科或併科新臺幣五百萬元以上二千五百萬元以下罰金。

金融控股公司之銀行子公司或保險子公司對第四十四條各款所列之人辦理擔保授信達主管機關規定金額以上，未經董事會三分之二以上董事之出席及出席董事四分之三以上之同意，或違反主管機關所定有關授信限額、授信總餘額之規定者，其行為負責人，處新臺幣二百萬元以上一千萬元以下罰鍰。

第五十九條　金融控股公司之負責人或職員違反第十七條第三項規定，收受佣金、酬金或其他不當利益者，處三年以下有期徒刑、拘役或科或併科新臺幣五百萬元以下罰金。

第六十條　有下列情形之一者，處新臺幣二百萬元以上一千萬元以下罰鍰：

一、違反第六條規定，未申請設立金融控股公司。

二、違反第十六條第二項規定，未經主管機關核准而持有超過一定比率之金融控股公司股份者。

三、違反第十六條第一項規定，未向主管機關申報或第四項增加持股者。

四、違反第十六條第七項或第八項規定，未向主管機關申報、公告。

五、違反第十八條第一項規定，未經主管機關許可為合併、概括讓與或概括承受者。

六、違反第三十八條規定，持有金融控股公司之股份者。

七、違反第三十九條第一項所定短期資金運用項目；或違反同條第二項規定，未經核准投資不動產或投資非自用不動產。

八、違反主管機關依第三十九條第三項所定辦法中之強制或禁止規定者。

九、違反主管機關依第四十條、第四十一條所定之比率或所為之處置或限制者。

十、違反第四十二條第一項規定，未保守秘密者。

十一、違反第四十五條第一項交易條件之限制或董事會之決議方法者;或違反同條第四項規定所定之金額比率。

十二、違反第四十六條第一項未向主管機關申報者。

十三、違反第五十一條未建立內部控制及稽核制度或未確實執行者。

十四、違反第五十三條第一項、第二項規定，或未依主管機關依第三項所定期限內補足資本者。

十五、違反主管機關依第五十五條第一項所為之命令者。

十六、違反第五十六條第一項規定，未盡協助義務；或違反主管機關依同條第二項所為之命令者。

第六十一條　金融控股公司之負責人或職員，於主管機關依第五十二條規定要求其於限期內據實提供相關財務報表、交易資訊或其他有關資料；派員或委託適當機構或指定專門職業及技術人員，檢查金融控股公司或其子公司之業務、財務及其他有關事項時，有下列情形之一者，處新臺幣二百萬元以上一千萬元以下罰鍰：

一、拒絕檢查或拒絕開啟金庫或其他庫房。

二、隱匿或毀損有關業務或財務狀況之帳冊文件。

三、對於檢查人員詢問無正當理由不為答復或答復不實。

四、屆期未提報主管機關指定之財務報表、交易資訊或其他有關資料，或提報不實、不全或未於規定期限內繳納檢查費用。

第六十二條 有下列情形之一者，處新臺幣一百萬元以上五百萬元以下罰鍰：

一、違反第三十六條第四項但書或第三十七條第二項但書規定，未經核准進行投資。

二、違反第三十六條第五項規定，未於主管機關所定期限內調整，或違反同條第七項規定，由其負責人、職員擔任創業投資事業所投資事業之經理人。

三、違反第三十七條第一項但書規定，參與該事業之經營。

四、違反第六十八條規定，未申報、申請許可、調整持股或申請核准。

第六十三條 違反本法或依本法所定命令中之強制或禁止規定或應為一定行為而不為者，除本法另有處以罰鍰規定而應從其規定外，處新臺幣五十萬元以上二百五十萬元以下罰鍰。

第六十四條　金融控股公司或其子公司於繳納罰鍰後，對應負責之行為人應予求償。

第六十五條　法人之負責人、代理人、受僱人或其他職員，因執行業務違反本法規定，除依本章規定處罰該行為人外，對於該法人亦科以該條之罰鍰或罰金。

第六十六條　本法所定罰鍰及費用，經主管機關限期繳納而屆期不繳者，自逾期之日起，每日加收滯納金百分之一，逾三十日仍不繳納者，依法移送強制執行。

第六十七條　金融控股公司或受罰人經依本章規定處以罰鍰後，於主管機關規定期限內仍不予改正者，主管機關得對其同一事實或行為，依原處之罰鍰，按日連續處罰至依規定改正為止；其情節重大者，並得解除負責人職務或廢止其許可。

第六章　附則

第六十八條　本法施行前，已符合第四條第一款規定之同一人或同一關係人，應自本法施行之日起六個月內向主管機關申報。

前項同一人或同一關係人如無第六條第二項所定之情形，應自本法施行之日起一年內依第八條規定向主管機關申請許可設立金融控股公司；未經主管機關許可者，應自本法施行之日起五年內，降低其對銀行、保險公司或證券商持有之已發行有表決權股份或資本額及直接、間接選任或指派之董事人數至不符合第四條第一款規定。

前項五年期限，有正當理由報經主管機關核准者，得延長二次，每次以二年為限。

本法施行前，依銀行法第七十四條規定投資持有保險公司或證券商已發行有表決權股份總數或資本額符合第四條第一款規定或已直接、間接選任或指派一銀行、保險公司或證券商過半數董事之銀行，自本法施行之日起六個月內申請主管機關核准者，得不適用本法之規定。

第六十九條　本法自中華民國九十年十一月一日施行。

金融控股公司設立之申請書件及審查條件要點

「金融控股公司法」於九十年十一月一日起施行，為執行金融控股公司法第八條設立金融控股公司之申請書件及第九條第一項許可設立之審酌條件，財政部已於九十年十月二十三日公告「金融控股公司設立之申請書件及審查條件要點（草案）」，該草案業經公告完成並就檢附書件酌作文字補充及修正後發布。中華民國九十年十月三十一日財政部(90)台財融(一)字第 0901000184 號令訂定發布全文 7 點：

一、為金融控股公司法（以下稱本法）第八條設立金融控股公司之申請書件及第九條第一項許可設立之審酌條件，特訂定本要點。

二、金融控股公司之設立，應於每年六月一日至七月三十一日檢附下列書件一式三份，報請主管機關許可。

但民國九十年之申請期間為自九十年十一月一日起至同年十二月三十一日止：

(一) 預定之金融控股公司設立許可申請書，載明公司名稱、資本總額、所在地、預定之各子公司名稱、事業類別、所在地及持股比例。

(二) 預定之金融控股公司章程。

(三) 預定之金融控股公司之大股東名冊。

(四) 預定之金融控股公司為發起設立者，其發起人名冊及資格證明文件。

(五) 預定之金融控股公司之營業、財務及投資計畫書：包括設立方式、股權結構、組織調整計畫、經濟效益評估、設立後業務經營政策及未來三年預估之資產負債表及損益表等事項。

(六) 預定之金融控股公司及預定之各子公司之董事及監察人名冊。

(七) 預定之金融控股公司及預定之各子公司之總經理、副總經理及協理之資格證明文件。

(八) 預定之金融控股公司及預定之各子公司之股東會會議特別決議或發起人會議紀錄。

(九) 辦理營業讓與之讓與契約或讓與決議；辦理股份轉換之轉換契約或轉換決議。

(十) 辦理營業讓與或股份轉換計畫書：計畫書應包括對債權人與客戶權益之保障及對受僱人權益之處理等重要事項。

(十一) 會計師對股份轉換換股比率之評價合理性之意見書。

(十二) 預定轉換為金融控股公司之金融機構依本法第十六條第一項規定，申報同一人或同一關係人持有金融控股公司有表決權股份總數超過百分之十之文件。

(十三) 預定轉換為金融控股公司之金融機構最近三年與截至最近一期經會計師查核簽證之財務報告及擬制性合併報表(含目前發行之債務工具類別、到期日及資產評估)。

(十四) 預定轉換為金融控股公司之金融機構於申請日前最近半年之資本適足說明。

(十五) 經律師或會計師審查之預定之金融控股公司設立審查表。

(十六) 金融機構辦理營業讓與須新設機構者，另附「營業讓與新設機構設立申請書件及附件彙總表」。

(十七) 其他經主管機關指定之書件。

政府出資超過百分之五十之公營金融機構依前項申請者，前項第十三款所稱經會計師查核簽證之財務報告，得以最近三年經審計部審定之財務報告代之；前項第十五款所稱經律師或會計師審查之預定之金融控股公司設立審查表，得以該公營金融機構之法務單位或稽核單位代替律師或會計師進行審查。

預定轉換為金融控股公司之金融機構如無法依第一項第一款、第六款、第七款及第八款規定提出預定之各子公司相關書件者，得於第一項第五款之營業、財務及投資計畫書中以該各子公司之公司名稱，檢具分別經各該公司董事會通過有意成為該預定之金融控股公司之子公司之會議記錄，並提出完成該計畫之合理期間之說明代之。

第一項至第三項規定書件之記載事項如有不完備或不充分者，駁回其申請案件；其情形可補正，經主管機關限期補正而未符規定者，駁回其申請。

三、主管機關於許可金融控股公司設立時，除審核前項書件之內容外，並應審酌下列條件：

(一) 財務業務之健全性及經營管理之能力。

(二) 資本適足性。

(三) 對金融市場競爭程度及增進公共利益之影響。

四、依第三點第一款審酌財務業務之健全性及經營管理之能力時，應審酌下列各項：

(一) 預定轉換為金融控股公司之金融機構最近三年內經會計師出具無保留意見之查核報告，或出具之保留意見已獲具體改善，或於第二點第一項第五款之營業、財務及投資計畫書已提出改善計畫者。

(二) 預定轉換為金融控股公司之金融機構最近三年內無違反銀行法或保險法受主管機關命令停止全部或一部主要業務之處分，或依證券交易法第六十六條第三款或第四款規定之處分者。

(三) 預定之金融控股公司之預定負責人及總經理、副總經理及協理符合依本法第十七條訂定之「金融控股公司之發起人負責人範圍及其應具備之資格條件準則」及「金融控股公司負責人兼任子公司職務辦法」之條件。

(四) 預定轉換為金融控股公司之金融機構最近一次在主管機關或檢查機構之檢查報告中，並無業務及財務顯著惡化應立即改善而未改善事項，或業務發生重大異常，或因內部控制發生疏失，導致重大財務損失或惡化而未改善事項。

五、依第三點第二款審酌資本適足性時，應審酌下列各項：

(一) 預定轉換為金融控股公司之金融機構，其資本適足性或認許資產減除負債之餘額符合各業別主管機關現行規定。

(二) 金融機構以營業讓與方式轉換設立為金融控股公司者，其讓與全部營業及主要資產負債，不得有損及存款人、被保險人、投資人或其他債權人之權益。

預定轉換為金融控股公司之二家以上同業別之金融機構，其中一家金融機構之資本適足性如未達到各業別主管機關現行規定之標準，但依第二點第一項第五款之營業、財務及投資計畫書提出之合理期間內，可健全該預定之金融控股公司之銀行子公司、保險子公司及證券子公司之業務經營者，得不適用前項第一款之規定。

六、第三點第三款所稱對金融市場競爭程度及增進公共利益之影響者，指應審酌下列因素：

(一) 擴大金融機構經濟規模、提升經營效率及提高競爭力。

(二) 促進金融安定、提升金融服務品質及提供便利性。預定之金融控股公司之設立如構成公平交易法第六條之事業結合

行為者，應同時向行政院公平交易委員會申請許可。

七、本要點自中華民國九十年十一月一日施行。

財政部表示，有關此次本要點發布之修正補充部分說明如下：

1. 使金融控股公司股權結構更為明確及透明化依金融控股公司法第十六條第一項規定，金融機構轉換為金融控股公司時，同一人或同一關係人持有金融控股公司有表決權股份總數超過百分之十者，應向主管機關申報，鑑於此屬法律明定申報事項，故將上揭持股申報文件補充增訂於本要點。
2. 增修第四點第一項第三款有關預定之金融控股公司之預定負責人及總經理、副總經理及協理亦須符合依本法第十七條訂定之「金融控股公司負責人兼任子公司職務辦法」之規定。
3. 基於公股管理之簡化原則，有關經律師或會計師審查之預定之金融控股公司設立審查表，如屬政府出資超過百分之五十之公營金融機構，得由該機構之法務單位及稽核單位代替律師或會計師填列該審查表。

另財政部同時表示，金融機構依據本要點附件三辦理營業讓與新設機構設立申請書時，應同時提出新設機構營業執照申請書，俾使主管機關依本法第二十四條第五項規定逕行核發營業執照。

依據該項發布之要點共計七點，其要點如下：

第一點揭諸本要點之訂定依據。

第二點明定設立金融控股公司應提出之申請書件、申請期限及文書補件行政程序。

第三點揭示金融控股公司申請設立之審查條件。

第四點明定金融控股公司申請成立應符合財務業務之健全性及經營管理能力之審查條件。

第五點明定金融控股公司申請成立應符合資本適足性之標準規定。

第六點明定金融控股公司申請成立對金融市場競爭程度及增進公共利益之影響審酌因素。

第七點明定本要點之施行日期。

附錄二

行銷人員增員問卷設計範例

注意事項：

1. 本問卷共分五大部份，請依次序作答。
2. 作答問題之前，請先詳閱「說明」部份。
3. 詳閱後，請依「說明」指示，填答「問題」部份。
4. 如遇有無法回答的問題，請暫空出，繼續回答其他問題。

請答覆下列二項問題：

（下列問題，只提供便利編電腦代號之用，絕不對外公開，以確保隱私。）

1. 請問您的姓名？ ____________________
2. 請問您今年幾歲？ ________________

第一部份

說明：

以下各項問題在針對您的教育背景，工作經驗與性別，從事較周詳的調查，請依照下列（舉例說明）方式，具實回答問題：

舉例說明：

		高中	五專	三專	大學	碩士	博士	其他
1. 請問您的最高學歷？	畢業	□	□	□	□	□	□	□
	肄業	□	□	□	□	□	□	□

1. 請問您從事行銷職業有多久？

 年 月 日

問題：

		高中	五專	三專	大學	碩士	博士	其他
2. 請問您的最高學歷？	畢業	□	□	□	□	□	□	□
	肄業	□	□	□	□	□	□	□

2. 請問您從事行銷職業有多久？
　　＿＿年＿＿月＿＿日
3. 請問您在目前公司已工作多久？
　　＿＿年＿＿月＿＿日
4. 請問您從事人壽保險行銷職業有多久？
　　＿＿年＿＿月＿＿日
5. 請問您的性別？ □男　□女

第二部份

說明：

在日常工作中，您是否有機會了解自己的個性與工作態度。如您想深入認識自己的工作個性與態度，請依以下五種選擇方式，回答下列十五項問題。

1=我完全不同意
2=我小部份同意
3=我有些同意
4=我大部份同意
5=我完全同意

舉例說明：

在日常工作中

1. 我經常在「主管要求之前」或「時限未到之時」，就主動的把工作完成。	1 2 3 4 5 □ □ □ □ □

選擇「2」，表示我同意在日常工作中，我只有少數幾次會表現出這種工作態度。

問題：（每項問題，限選擇一個答案）

在日常工作中	完全不同意	小部份同意	有些同意	大部份同意	完全同意
	1	2	3	4	5
1. 我在「主管要求之前」或「時限未到之時」，把工作提早完成。	□	□	□	□	□
2. 我以「毫不逃避，講求實際」的態度處理問題。	□	□	□	□	□
3. 我嚐試改變工作方式，使成本變低，效率變高。	□	□	□	□	□
4. 我不錯過任何新的，及對工作有力的機會。	□	□	□	□	□
5. 我對工作的品質要求最高。	□	□	□	□	□
6. 我有組織性的去安排工作計畫。例如：建立工作目標、評估工作風險與阻礙、選擇解決問題的方式等等。	□	□	□	□	□

在日常工作中	完全不同意	小部份同意	有些同意	大部份同意	完全同意
	1	2	3	4	5
7. 我對工作採取嚴格的品質管制之態度，使其能合乎要求表準。	□	□	□	□	□
8. 我犧牲一切，不惜代價的去完成工作任務。	□	□	□	□	□
9. 我能主動的與工作有關係的人士，建立良好而且長遠的友好關係。	□	□	□	□	□
10. 我經常對自己的工作能力有十足的自信心。	□	□	□	□	□
11. 我經常契而不捨的去克服任何困難。	□	□	□	□	□
12. 我想盡辦法去說服別人，並標榜自己的優點。	□	□	□	□	□
13. 我運用具有影響力的人際關係，來從事並完成工作任務	□	□	□	□	□

在日常工作中	完全不同意	小部份同意	有些同意	大部份同意	完全同意
	1	2	3	4	5
14. 我是一位具有專業工作經驗的人。	□	□	□	□	□
15. 我關心與工作有關的消息，主動從事與工作有關的研究，並隨時向專家請教。	□	□	□	□	□

第三部份

說明：

當您圓滿達成工作任務時，總希望公司能給予您感到最滿意的工作獎勵。以下七項獎勵方式中，哪一項是您最希望得到的？

請依下列作答模式，填選您對各項獎勵方式的滿意程度：

1. 假如您認為「精神嘉許」是最能令您感到滿意的一種獎勵方式，請在「100%」之空格處，填劃「∨」記號，表示「精神嘉許」是您最希望能得到一種工作獎勵。
2. 假如您認為「升遷」是最不能令您感到滿意的一種獎勵方式，請在「10%」之空格處，填劃「∨」記號，表示「升遷」是您最不希望得到一種工作獎勵。

舉例說明：

獎勵方式	滿意程度										
	0%	10%	20%	30%	40%	50%	60%	70%	80%	90%	100%
1.加薪	□	□	□	□	□	□	□	□	□	□	□
2.升遷	□	□	□	□	□	□	□	□	□	□	□
3.精神嘉許	□	□	□	□	□	□	□	□	□	□	□

問題：

獎勵方式	滿意程度										
	0%	10%	20%	30%	40%	50%	60%	70%	80%	90%	100%
1.工作保障（退休金、延長僱用合約等等）	□	□	□	□	□	□	□	□	□	□	□
2.升遷	□	□	□	□	□	□	□	□	□	□	□
3.精神嘉許（獎狀、獎金等等）	□	□	□	□	□	□	□	□	□	□	□
4.加薪或增加收入	□	□	□	□	□	□	□	□	□	□	□
5.獲得成就感	□	□	□	□	□	□	□	□	□	□	□
6.贏得公司與同仁的信任與尊敬	□	□	□	□	□	□	□	□	□	□	□
7.自我突破與成長	□	□	□	□	□	□	□	□	□	□	□

第四部份

說明：

在日常工作中，您是否了解自己的工作與環境？如果您想較深入的了解自己所從事的工作與環境，請以個人的經驗及對自己工作環境的認識，依以下五種選擇方式，填選十三項問題。

選擇方式：

1=完全不成立
2=小部份成立
3=有些成立
4=大部份成立
5=完全成立

舉例說明：

在目前的工作環境中

	1	2	3	4	5
1. 我有很清楚的工作計畫與工作目標。	□	□	□	□	□

選擇「2」，表示上述工作環境的描述，對我而言，只有小部份成立。

問題：

在目前的工作環境中	完全不成立	小部份成立	有些成立	大部份成立	完全成立
	1	2	3	4	5
1. 對我的工作計畫與工作目標，都有很清楚的認識與安排。	□	□	□	□	□
2. 能自由的安排與分配我的工作時間。	□	□	□	□	□
3. 對我的工作性質與所負的責任，都有很清楚的認識與了解。	□	□	□	□	□
4. 對我的工作情況有很清楚的認識。也就是我很清楚的知道在目前的工作環境中什麼是我應該做的，什麼是我不應該做的。	□	□	□	□	□
5. 對我的工作職權有很清楚的認識。也就是，我很清楚的知道在工作中我有多大的行政與管理權力。	□	□	□	□	□

在目前的工作環境中	完全不成立	小部份成立	有些成立	大部份成立	完全成立
	1	2	3	4	5
6. 上級對我的工作指示，都能說明的非常清楚，使我能清楚瞭解而不產生誤解。	□	□	□	□	□
7. 在工作處理方面，我無法用一定的道德標準與觀念去處理工作。也就是，我必須依照不同的情況，用不同的手段與方法去達成工作任務。	□	□	□	□	□
8. 經常會遇到所謂「接到工作任務的指示，卻得不到任何人力上的支援與合作」的情況下，進行我的工作。	□	□	□	□	□
9. 經常為了要順利完成工作，而必須違反公司規定與政策	□	□	□	□	□
10. 經常要與不同立場或不同意見的同事或上司一起工作。	□	□	□	□	□

在目前的工作環境中	完全不成立	小部份成立	有些成立	大部份成立	完全成立
	1	2	3	4	5
11. 經常會接受到二種立場不同或相互矛盾的工作要求。如總經理要我向東走，區經理卻要我向西走；客戶要我向東走，公司卻要我向西走等。	□	□	□	□	□
12. 我想盡辦法去說服別人，並標榜自己的優點。	□	□	□	□	□
13. 我的工作任務經常只得到少數人的支持與肯定，而多數人的反對與否定。如你所提的業務計畫，只獲得區經理的支持，總經理與其他主管均反對。	□	□	□	□	□

第五部份

說明：

各位行銷主管，您是否對您員工的工作能力有清楚的認識。如果您想較深入的去了解員工的工作能力，請用很客觀的態度，依下列九種選擇方式，填答以下六項問題。

選擇方式：

- ❖ 前 10%=我在此項的表現能力，佔全公司行銷同仁的前面 10%。
  （也就是，我在此項的表現，勝過 90%的全體同仁。）
- ❖ 前 20%=我在此項的表現能力，佔全公司行銷同仁的前面 20%。
- ❖ 前 30%=我在此項的表現能力，佔全公司行銷同仁的前面 30%。
- ❖ 前 40%=我在此項的表現能力，佔全公司行銷同仁的前面 40%。
- ❖ 中 50%=我在此項的表現能力，佔全公司行銷同仁的前面 50%。
  （也就是，我在此項的表現，很平均，不很前，也不很後。）
- ❖ 後 40%=我在此項的表現能力，佔全公司行銷同仁的後面 40%。
  （也就是，我在此項的表現，只勝過 40%

的全體同仁。)

- ❖ 後 30%=我在此項的表現能力,佔全公司行銷同仁的後面 30%。
- ❖ 後 20%=我在此項的表現能力,佔全公司行銷同仁的後面 20%。
- ❖ 後 10%=我在此項的表現能力,佔全公司行銷同仁的後面 10%。

舉例說明:

1. 與相同職務的員工們(行銷人員)比較,此員工的平均表現,是在全體行銷人員的百分之幾?(從正式開始工作到目前為止,以賣出保單數目的大略估計為主)

前面	前面	前面	前面	中間	後面	後面	後面	後面
10%	20%	30%	40%	50%	40%	30%	20%	10%
□	□	□	□	□	□	□	□	□

選擇「後面 10%」,表示你在此項的表現,是全公司行銷同仁的後面 10%。也就是說,你在此項的表現非常的差,有 90%的同仁勝過你,你僅在最後 10 名之內。

問題:(均是從正式開始工作至目前為止)

1. 與相同職務的員工們(行銷人員)比較,此員工的平均表現,是在全體行銷人員的

百分之幾？（以賣出保單數目的大略估計為主）

前面10%	前面20%	前面30%	前面40%	中間50%	後面40%	後面30%	後面20%	後面10%
□	□	□	□	□	□	□	□	□

2. 與相同職務的員工們（行銷人員）比較，此員工在「達成預定業績目標」方面的表現，是在全體行銷人員的百分之幾？（以公司每期所要求的業績目標為主）

前面10%	前面20%	前面30%	前面40%	中間50%	後面40%	後面30%	後面20%	後面10%
□	□	□	□	□	□	□	□	□

3. 與相同職務的員工們（行銷人員）比較，此員工在對「客戶關係建立面」方面的表現，是在全體行銷人員的百分之幾？（如：開發新客戶、售後服務、建立私人交情等。）

前面10%	前面20%	前面30%	前面40%	中間50%	後面40%	後面30%	後面20%	後面10%
□	□	□	□	□	□	□	□	□

4. 與相同職務的員工們（行銷人員）比較，此員工在對「工作管理」方面的表現，是在全體行銷人員的百分之幾？（如：工作時間分配、安排工作計畫、擬定工作目標等。）

前面 10%	前面 20%	前面 30%	前面 40%	中間 50%	後面 40%	後面 30%	後面 20%	後面 10%
□	□	□	□	□	□	□	□	□

5. 與相同職務的員工們（行銷人員）比較，此員工在「市場與行銷知識吸收」方面的表現，是在全體行銷人員的百分之幾？（如：公司產品的認識、競爭者產品的分析、保險市場發展趨勢、客戶需求等。）

前面 10%	前面 20%	前面 30%	前面 40%	中間 50%	後面 40%	後面 30%	後面 20%	後面 10%
□	□	□	□	□	□	□	□	□

6. 與相同職務的員工們（行銷人員）比較，您評估此員工將成為全公司「頂尖行銷人才」（前面 10%）的可能性有多大？

完全不可能	可能性很小	有一半可能性	可能性很大	完全可能
□	□	□	□	□

參考文獻

1. 壽險行銷，1997年，華泰文化，謝耀龍。
2. 無形商品行銷管理概論，1996年，廣場文化，王言。
3. 財務分析，2001年，財團法人中華民國證券暨期貨交易發展基金會，王泰昌、林修葳、林蕙真、陳智瀛、張麗真。
4. 投資學，2001年，財團法人中華民國證券暨期貨交易發展基金會，陳勝源、林煜宗。
5. 銷售聖經，1995年，商周文化，Jeffrey H. Gilomer。
6. 助人歷程與技巧，1991年，張老師文化，黃惠惠。
7. 保險學概要，1998年，平安出版，黃秀玲。
8. 如何贏取友誼與影響他人，1991年，龍齡出版，Dale Carnegie
9. 投資型保險商品，2001年，財團法人保險事業發展中心。
10. 人身保險實務，2000年，平安出版，林麗銖。
11. 理財規劃實務，2002年，財團法人台灣金融研訓院，理財規劃實務編撰委員會。
12. 理財工具及其應用，2002年，財團法人台灣金融研訓院，理財工具及其應用編撰委員會。

13. Selling Today,1980,Wm.C.Brown Publishers, Beth Hall Manning & Vera Marie Reece.
14. Guide to Financial Markets,2000,The Economist, Marc Levinson.
15. Guide to Analyzing Companis,2000, The Economist, Bob Vause.

參考資料

1. 國票金融控股公司網站
2. 富邦金融控股公司網站
3. 國泰金融控股公司網站
4. 日盛集團網站
5. 央行統計資料
6. 財政部法令公佈網站
7. 經濟日報
8. 工商時報
9. 保險電子報

國家圖書館出版品預行編目

金控行銷導論：如何規劃金融商品之整合行銷與理財人員之培訓 = An integrated selling in financial products : the foundation of marketing strategy and sale forces training / 王言著. -- 一版. -- 臺北市：秀威資訊科技, 2005[民 94]
面； 公分. -- 參考書目：面
ISBN 986-986-7263-05-6（平裝）
1. 金融市場 2. 金融 - 管理
561.7 94001766

商業企管類 AI0004

金控行銷導論

作　　者 / 王　言
發 行 人 / 宋政坤
執行編輯 / 林秉慧
責任編輯 / 劉逸倩
美術編輯 / 羅季芬
數位轉譯 / 徐真玉　沈裕閔
圖書銷售 / 林怡君
法律顧問 / 毛國樑　律師
出版印製 / 秀威資訊科技股份有限公司
台北市內湖區瑞光路 583 巷 25 號 1 樓
電話：02-2657-9211　　傳真：02-2657-9106
E-mail：service@showwe.com.tw
經 銷 商 / 紅螞蟻圖書有限公司
台北市內湖區舊宗路二段 121 巷 28、32 號 4 樓
電話：02-2795-3656　　傳真：02-2795-4100
http://www.e-redant.com

2005 年 2 月 BOD 一版
2010 年 7 月 BOD 再刷
定價：250 元

讀 者 回 函 卡

感謝您購買本書，為提升服務品質，煩請填寫以下問卷，收到您的寶貴意見後，我們會仔細收藏記錄並回贈紀念品，謝謝！

1.您購買的書名：________________________

2.您從何得知本書的消息？

☐網路書店 ☐部落格 ☐資料庫搜尋 ☐書訊 ☐電子報 ☐書店

☐平面媒體 ☐ 朋友推薦 ☐網站推薦 ☐其他__________

3.您對本書的評價：(請填代號 1.非常滿意 2.滿意 3.尚可 4.再改進)

封面設計____ 版面編排____ 內容____ 文/譯筆____ 價格____

4.讀完書後您覺得：

☐很有收獲 ☐有收獲 ☐收獲不多 ☐沒收獲

5.您會推薦本書給朋友嗎？

☐會 ☐不會，為什麼？______________________________

6.其他寶貴的意見：______________________________

____

____

____

讀者基本資料

姓名：__________________ 年齡：_____ 性別：☐女 ☐男

聯絡電話：______________ E-mail：__________________

地址：____

學歷：☐高中(含)以下 ☐高中 ☐專科學校 ☐大學

☐研究所(含)以上 ☐其他______________

職業：☐製造業 ☐金融業 ☐資訊業 ☐軍警 ☐傳播業 ☐自由業

☐服務業 ☐公務員 ☐教職 ☐學生 ☐其他__________

請貼
郵票

To：114

台北市內湖區瑞光路 583 巷 25 號 1 樓

秀威資訊科技股份有限公司　　　收

寄件人姓名：

寄件人地址：□□□

(請沿線對摺寄回,謝謝!)